超・臆病者のための株の教科書

草食系投資家YouTuberが教える

草食系投資家LoK

SB Creative

はじめに

徹底的にリスクを回避した「負けない」投資法、教えます！

「大儲けできるかもしれないけれど、一歩間違えれば大損をするかもしれない危険なモノ」

　世間では、株式投資についてこのようなイメージを持っている人が多いようです。
　そのため、自分の生活や将来のために投資をしたいと思っても、二の足を踏んでしまう人が多いのかもしれません。

　たしかに、「億り人（投資で、資産を1億円以上に増やした人）」のように、大儲けを狙うような投資スタイルだと、大損をする可能性も高まります。
　ですが、**投資は大儲けを狙うスタイルだけではない**のです。

　私は、大きなリスクをガツガツとって、大きなリターンを狙う「億り人」を目指すような投資を「肉食系」と呼んでいます。
　私の肩書きである「草食系投資家」には、そういった肉食系と反対の投資スタイルの投資家、という意味を込めているのです。
「大儲けよりも大損の回避！」をスローガンに、大損をするリスクを徹底的に回避しながら、小さい利益をコツコツと積み上げていくのが草食系投資のスタイルです。

草食系投資は、具体的には次の4つの戦略からできています。

1．**長期積み立て戦略**
2．**短期コツコツ投資**
3．**成長株コツコツ投資**
4．**守りの投資**

　戦略と言っても、いずれも内容は非常にシンプルです。投資初心者でもすぐに理解し、実践できるものばかりです。

　一部、株式チャートを用いた株の売買のメソッドについては、投資初心者がいきなりうまく実践するのは難しいかもしれません。そのため、最初は小額から始めるようにしてみてください。経験をある程度積めば、必ずうまく実践できるようになるはずです。

「絶対に損をしたくない！　でも、株で手堅く儲けてみたい」
本書が、そんな方々の一助となれば幸いです。

草食系投資家LoK

もくじ

第1章

損したくない！
でも、投資で"そこそこ"儲けてみたい!!
～草食系投資入門～

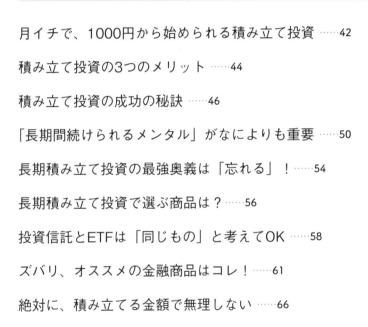

第2章

まずは"土台づくり"から始めよう！
～長期積み立て戦略～

第3章

失敗しない！
株チャートの読み方
～短期コツコツ投資～

第4章 失敗しない！ 株の選び方
〜成長株コツコツ投資〜

第5章

これで安心！
株が下落したときの対応
～草食系「守りの投資」～

第6章

これだけ！
株チャートのポイント

草食系投資に活かす『NISA』と『iDeCo』

◎登場人物紹介（プロフィール）

ろっく

大学院（統計学専攻）を卒業後、金融機関に就職。16年間勤務した後、2019年に脱サラをして独立。専業投資家として、ブログやYouTubeによる情報発信を開始する。株式投資初心者向けのYouTubeチャンネル『草食系投資家LoK Re:』は、開設後わずか1年半で登録者10万人を達成。ファイナンシャルプランナーとして、個人の金融相談や投資講座も運営。テクニカルアナリスト試験に合格。

猫

ろっく先生の助手。ろっく先生と同じくらいの投資の知識を持っている。たまにいいことを言う。

マキ

メーカーの営業職で働く20代の女性。自他ともに認めるド文系で、計算が苦手。前々から投資に興味があり、経済ニュースや、資産運用に関連する書籍や雑誌の特集をチェックしているものの、投資に対する恐怖心からなかなか踏み出せていない。しかし、今回、自身の人生設計を見直し、一念発起して投資をしようと決意。

第 1 章

損したくない！
でも、投資で"そこそこ"
儲けてみたい!!

～草食系投資入門～

"そこそこ" 稼いでみたい！

草食系投資家

やっぱり、
株はお金を失う
危ないもの？

 ろっく先生、今日はよろしくお願いします！

 マキさん、こんにちは。マキさんは、株式投資に興味があるんですよね？

 はい！　前々からずっと株に興味があって。
今回、ろっく先生に株式投資についていろいろと教えてもらえるということでワクワクしています！

 株を買った経験はまったくないんですか？

 ……完全に投資未経験者です（汗）。

 興味があるのに、これまで買わなかった理由はなんですか？

 えっと……、ちょっと言いにくいんですが（汗）。
やっぱり、損をするのがイヤだなあ、なんて……。「投資はしたいけど、損も絶対したくない」なんて、調子がよすぎますよね？

そんなことはないですよ。私だって、損をするのは大嫌いです
から（笑）。

 えっ！　ろっく先生もですか!?
「そんな甘い考えで投資をしようとするなんて、ナメているの
か！」って怒られちゃうかと思いました……。

 ははは（笑）！
私も、マキさんに完全に同意しますよ。
かつて、私は投資で大儲けをしたことがありますが、じつは大
損をしたこともあるんです。
そのときは、年中、ハラハラドキドキ。ずっとジェットコース
ターに乗っているような気分でした。
それで、結論を言うと、そんな投資生活に嫌気がさしてしまっ
たんですよね……。

 うわ～～（汗）。
ろっく先生は、そんな過酷な経験をしていたんですね～。

 そういう経験をしたからこそ、なるべく損をしないような投資
方法を追求してきたんです。もちろん“絶対に”損をしないとま
では言い切れませんよ。
ただ、**「損をする可能性」をできる限り低くしようというのが、
私の投資法のコンセプト**なんです。

「損をしたくない人」のための草食系投資！

 ろっく先生の投資法に興味はあるんですが……。

 思っていることは、なんでも言っちゃってください！

 ……いま株を買って、本当に大丈夫なんでしょうか？

 と言うと？

 2020年に、株式市場が急に上がり出して、2021年に入っても上がり続けていますよね？

 はい、その通りです。

 早く買わないと、乗り遅れてしまうのではないかという焦りがあって。でも、投資はやっぱりリスクがあるので、慌てて株を購入するのも危ないんじゃないかと思うし……。あと、もう遅すぎなんじゃないかな……、とか。
最近、そんなふうに自分の考えが同じところをグルグルと回るばっかりで、ずっとモヤモヤしているんです……。

なるほど〜。私もマキさんの気持ちはよくわかりますよ。
まず、マキさんに伝えたいのは、「焦る必要はまったくない」
ということです。投資の取引をするチャンスは、これから何度
も来ます。1、2回逃したところで、なんら問題はないです。

そうなんだ……。よかった……。

初めて投資をするときは、誰でも不安になるものです。無理を
してまで投資する必要なんてまったくありません。
かつての私のように、無理をしたら心身ともにヘトヘトになっ
て、投資を続けることができなくなって本末転倒です。

たしかに……。
そんな過酷な生活、私にはとても耐えられません……。

最初は、リスクを冒さなくてもかまいません。
マキさんのような投資ビギナーにピッタリの、リスクを冒さな
いやり方がちゃんとあるんです。

……それが、ろっく先生の投資法ということですか?

その通りです。その名も、**草食系投資**です!!!

「草食系投資家」の投資の流儀

 草食系投資について具体的に説明しましょう！

 お願いします！

 草食系投資のスローガンは、右の3つです！

まず、1つ目の「アンチ肉食系」とは、**大きなリスクをガツガツとって、大きなリターンを狙うような、まさに"肉食系"の投資をしない**、ということです。

大きなリスクをとろうとすると、どうしても「勝たなければ！」というプレッシャーがかかって、本業に影響が出るようになってしまいます。また、逆に大勝ちしたらしたで、お金の欲に支配されて、もっとリスクをとるようになって、その結果、破産してしまうこともあります。

 それだと、投資に勝っても負けても人生が終わっちゃいそうな感じ……。

 これはけっして大げさに話しているわけではないんですよ。誰でも、そうなる危険性があるんです。

草食系投資の3つのスローガン

1. アンチ肉食系

大きなリスクをガツガツとって、大きなリターンを狙うような"肉食系"の投資をしない。本業に影響を出さず、ゆったりとした投資生活を送ることができる。

大儲けよりも大損の回避！

2. 負けない投資

「できるだけミスを少なくすること」を目指す。「大儲け」よりも、「大損の回避」を優先。投資は、続けることがなにより大切。継続は力なり！

3. 隣の芝生は見ない

儲けそこなったときに悔しがらない。「他人は他人、自分は自分」。「チャンス」はいくらでもあるので、焦らない。

自分は自分

草食系投資のスローガンの2つ目は、「負けない投資」です！

「勝つ」ではなく「負けない」なんですね……。「負けない」って、具体的にどういうことなんでしょうか？

草食系投資は、**いかにミスを少なくするか**がポイントです。**大儲けよりも、大損を回避することを優先します。**

大損はぜ〜〜〜ったいに避けたいです!!!

(笑)。「損を避ける」なんて当たり前に思うかもしれませんが、じつは、投資において本質的に重要なことなんです。
仮に99連勝しても、最後に大負けして投資人生から一発退場なんてこともあり得るんです。
大損を回避できれば、少なくとも投資を継続できます。**投資を成功させるためには、継続性が不可欠の要素**なんです。

そうか、「継続は力なり」は、投資にも当てはまる格言なんですね！

その通りです！　そして、草食系投資のスローガンの3つ目は、「隣の芝生は見ない」。これは、**儲けそこなったときに悔しがらない**、ということです。
大損を回避する投資の場合、投資チャンスは少なくなります。その間に、周りにいる肉食系投資家の中には大きな利益を出す

人も出てくるでしょう。そのときに、自分は儲けそこなったと悔しがらないということです。

え〜〜っ！　周りに儲かっている人なんていたら、気になってソワソワしちゃいそう……。

「他人は他人、自分は自分」という冷静な心構えが大切です。一番やってはいけないのは、他人が儲かっているのを見て、儲けそこなった自分が悔しくなり、遅れて自分も投資してしまうことです。購入した途端、株価が下落したなんてことはしょっちゅうあります。失敗する個人投資家の典型例ですね。

うっ！　肝に銘じておきます……。

まあ、そうは言っても、やっぱり人間なので仕方がないことでもあるんです。
でも、儲けるチャンスはいくらでもやってきます。取引を何度も経験すると、マキさんもそれがだんだんと肌感覚でわかってくるので、すぐに気持ちを切り替えられるようになりますよ。結果にこだわりすぎると、次第に大儲けを狙うようになりやすいんです。「隣の芝生を見ない人」とは、「結果にこだわらない人」でもあるんですね。

「草食系投資」は4つの戦略からできている

 具体的な戦略の話に移りましょう。右のように、4つの戦略があります。**「長期積み立て戦略」**から解説します。

 図の"土台"の部分ですね！

 読んで字のごとく、**「長期的に、継続してお金を投資に回していく戦略」**です。これぞ、草食系投資の柱ですね。
積み立て投資というと、一般的に「毎月一定の金額を投資する」というイメージがあるのではないでしょうか？

 まさに私もそのようなイメージを持っていました。

 本来、積み立てる金額や期間に決まりはありません。証券会社や銀行などの積み立てサービスが、一定の金額を月ベースで積み立てるタイプであることがほとんどなので、**結果的に「一定額を毎月積み立てる」**ことが多くなるだけなんです。

 積み立てって、お給料からの天引きのイメージが強いので、毎月1回と決まっているものだとばかり思っていました。

4つの戦略

短期 コツコツ投資 稼ぎ時だけやる投資。とりやすいところだけやる。本流の上乗せ分なので、儲けそこねても気にしない。	成長株 コツコツ投資 「将来、成長していく株」にコツコツ投資をしていく。	守りの投資 景気後退期や相場ショック時に、資産を守る投資。
【土台】 長期積み立て戦略（本流）		

なるほど～！
「どれか1つ」ではなく、同時に4つの投資を小さく「コツコツ」やっていくのがポイントなんですね～！

「土台」と「守りの投資」で徹底的にリスクヘッジしながら、「短期コツコツ投資」と「成長株コツコツ投資」で土台に小さな利益を上乗せしていきます！

「大儲け」できる投資は「大損」する可能性もある投資ということだから、危ないニャー！

最近では月2回とか、週1回といった設定ができる証券会社も出てきています。

そして、「長期積み立て戦略」の具体的な投資対象は、「投資信託」と「ETF（上場投資信託）」です。投資信託もETFも、ものすごく多くの種類がありますが、長期積み立て戦略では、日経平均株価やS&P500といった株価指数に連動する「インデックス型」を対象とします。

ちなみに、なぜ、「土台」なんですか？

家やビルなど、建物は土台からつくり始めますよね。土台がないと、家やビルは建ちません。それと同じく、**長期積み立て戦略は、資産形成の土台**になるんです。資産形成をするなら、まずはここから始めるべきなんです。最初に長期積み立て投資、次に、残った資金で他の戦略、という順番で取り組みます。

私の場合、長期積み立て戦略だけで予算がいっぱいになっちゃいそう……（汗）。

そういう人は、けっこう多いかもしれません（笑）。
ただ、いまは1000円単位の少額でもさまざまな投資ができるので、月1万円以上の予算があれば、他の投資も十分できると思いますよ！

「儲けられるチャンス」
にだけ取引！

 草食系投資の2つ目の戦略は、**「短期コツコツ投資」** です！
一見、普通の株式投資ですが、**利益をあげる可能性の高いタイミングが来たときにだけ取引する**んです。

 えっ？　じゃあ、それ以外の時期はなにをすればいいんですか？

 チャンスが来ないときは、休憩です。

 え〜〜っ!!!　休憩しちゃうんですか!?

 これは草食系投資の中でも、もっとも特徴的な戦略です。けっして大儲けを狙わず、「たいして儲からなくても気にしない」というスタンスで投資に臨みます。
肝心のタイミングは、株式チャートが知らせてくれます。実際のやり方は、第3章で解説しますね。

 株式チャートって、あの折れ線グラフのヤツですか？

 その通りです。株価を含め、株式市場のさまざまなデータを使ったグラフは、一般的に"チャート"と呼ばれています。

代表的なのが「ローソク足」で、これも後ほど解説します。草
食系投資で扱うチャートの手法はとてもシンプルなので、安心
してください！

えーと、図を見ると、3番目は「成長株コツコツ投資」になっ
ています。短期コツコツ投資と似た感じですけど……。

「短期コツコツ」と「成長株コツコツ」は、投資する株が異な
るんですね。
さきほども言ったように、短期コツコツは、おもに株式チャー
トを使います。
一方、成長株コツコツは、企業の「ファンダメンタルズ」をチ
ェックして、投資対象を選ぶんです。
「ファンダメンタルズ」とは、その企業の「売上高や利益など、
経営状況に関するデータ」のことを指します。
「値上がりする株」とは、ざっくり言うと、「効率的に儲けてい
る企業」になります。そういう企業を発掘するために、ファン
ダメンタルズをチェックするわけなんです。
成長株コツコツ投資は、そうした優良企業に対して、コツコツ
と地道に投資をしていく戦略です。

相場が下落してもこれで安心！「守りの投資」

 4つ目の戦略は**「守りの投資」**！　株式相場が下落局面に突入したときに、資産を守る方法です。

 おー！　ちゃんと資産を守る方法が用意されているんですね！資産を守りながらお金を増やせるなら安心です！

 株式だけでなく、為替相場や金（ゴールド）相場など、およそ相場と名が付くものには、上昇局面と下落局面が交互に現れます。相場に、上がりっぱなしとか下がりっぱなしという状況は、ほとんどないといってよいでしょう。

 そうなんだ……。ということは、……もしかして私もいつか下落局面に遭遇するということですか？

 マキさん、その通りです。

 うっ！　やっぱり……（泣）。

 投資経験の浅い人が下落局面に遭遇すると、なにもできずに相場をただ見守るだけという状態に陥りがちです。下落局面で機

敏に対応するのは、かなりハードルが高いでしょう。

 えーっ！　じゃあ、私はいったいどうすればいいんですか!?

 普段からある程度備えておくことが必要です。
具体的には、**株式以外の金融商品に投資をしておく**手が有力で
すね。これを**「分散投資」**と言います。

 あっ！　その言葉は聞いたことがあります！

 「分散」とは、**投資対象の分散**のことです。
例えば、金（ゴールド）のように、通常は価格の動きが株と連
動しないものに分散投資をしておくことで、株式相場が下落し
ても、ゴールドの価格が上がってくれれば、株の損失を穴埋め
してくれる可能性が出てきます。「守りの投資」の1つのパター
ンです。

 なんとなくですが、わかります！

 いまはなんとなくで十分ですよ。
詳しくは、第5章で解説しますね。

リスクを小さくしたいなら、「時間」を分散せよ！

分散投資は、投資対象の金融商品を分散させます。そのため、**「資産分散」** といった言い方もします。また、「投資するタイミングを分散させる」という意味でも分散投資という言葉を使います。**「時間分散」** とも呼ばれていて、代表的な手法が **「ドル・コスト平均法」** です。

うわっ、なんか難しそうな言葉……。

難しそうなのは名前だけで、内容はめちゃくちゃシンプルです。ドル・コスト平均法とは、一定の期間ごとに一定の金額で、同じ金融商品を買い続ける方法なんです。

それって、なんか積み立て投資と似ていませんか？

ほぼ積み立て投資と同じです。ただ、**「一定期間ごとに一定金額を投資する」** のがポイントです。継続することで、投資のリスクを減らせます。

株式投資でドル・コスト平均法を行った場合、相場の上昇局面でも下落局面でも、一定の金額で投資を続けることで、「購入価格」を平均化させる効果が期待できます。

図で説明しましょう。

例えば、A社の株を毎月1万円ずつ買うとします。買い付け1か月目のA社の株は1000円でした。すると、1か月目は10株買うことになります。2か月目のA社の株は800円でした。となると、2か月目は12.5株買えます。1万円÷800円＝12.5という計算です。さらに、3か月目は1100円だったので、9.1株を買いました。こちらは1万円÷1100円＝9.090909……となり、小数点第2位を四捨五入して9.1株です。

これくらいの計算なら、さすがに大丈夫です（笑）。

図のように1年間12回分を投資したとすると、総投資金額12万円で、123.6株買うことができました。

12万円÷123.6株＝970.87……、したがって、四捨五入すると、**購入価格の平均は1000円**になります。

もし、このようにタイミングを分散させずに、一括で投資したとするとどうなるか？

運よく800円で購入できればよいですが、6か月目や9か月目で買ってしまった場合、1300円で買い付けることになります。このように、**ドル・コスト平均法は購入価格を平均化する効果があります**。別の言い方をすれば、ドル・コスト平均法による時間分散によって、**もっと安く買える可能性を捨てる代わりに、高い買い物をしてしまう危険性を回避できる**のです。

ドル・コスト平均法　モデルケース

	1か月目	2か月目	3か月目	4か月目	5か月目	6か月目
購入価格	1000円	800円	1100円	900円	800円	1300円
購入株数	10株	12.5株	9.1株	11.1株	12.5株	7.7株

	7か月目	8か月目	9か月目	10か月目	11か月目	12か月目
購入価格	1200円	900円	1300円	800円	900円	1000円
購入株数	8.3株	11.1株	7.7株	12.5株	11.1株	10株

初心者の私には、安いときだけを狙って購入することなんてできないけど、これなら簡単に実践できますね！

安いときにたくさん買おうとしても、だいたい失敗に終わるニャー！

毎月1万円で投資を続けることで、平均購入価格を1000円にすることができました！これが時間分散の効果です！

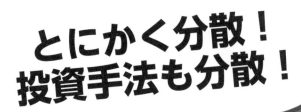

とにかく分散！
投資手法も分散！

 分散投資における「資産分散」と「時間分散」について、お話ししました。分散投資は投資のリスクを減らす効果があるものの、近年、そうした**分散投資のリスク低減効果にも限界がある**、という見方も出ています。例えば、2008年9月に起きた「リーマン・ショック」では、世界中の金融市場で価格が暴落しました。あらゆる金融商品の価格が大きく下落してしまい、分散投資の効果が吹き飛んでしまったんです。

 あちゃ～～（汗）。

 それ以降、従来の分散投資に、さらに新しい分散のやり方を付け加える研究が始まったように思います。
私もリーマン・ショックのときは、金融資産をほぼ失いましたし……。そうした経験を重ねて、草食系投資にたどり着いたというわけです。
現在の草食系投資には、新しい分散の手法をもう1つ加味しています。それが、**「投資手法の分散」**です。
戦略のところで説明したように、投資手法は4つあります。4つの中には、長期投資と短期投資があり、じつは、**こうした手**

法を組み合わせることで新しい分散効果が発揮されることを狙っているんです。

下の図は、あくまでイメージですが、長期積み立て投資・短期コツコツ投資・成長株コツコツ投資を並行して継続したときの資産の状況をグラフにしています。

最初は資産の増え方は緩やかですが、継続していくと、加速していきます。草食系投資は、時間を重ねれば重ねるほど、将来的に大きな成果が生まれやすくなるんです。

短期投資はコツをつかむまでに時間がかかります。損する可能性も高いため、下の図でも短期コツコツ投資は一時的にマイナスのパフォーマンスになっています。でも、なるべく早く短期投資を少額から始めて、手法分散によるリスク分散をしながら経験を積んでいけば、将来的に大きな利益を得ることができるようになるんです。

草食系投資の成長曲線

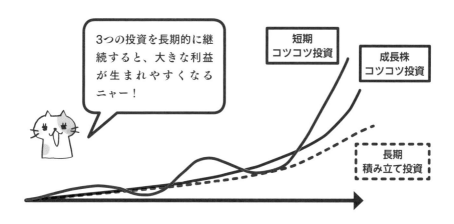

3つの投資を長期的に継続すると、大きな利益が生まれやすくなるニャー！

短期コツコツ投資

成長株コツコツ投資

長期積み立て投資

「リスク」は「危険」
という意味では
ありません！

 ここまで、草食系投資の基本的な考え方と戦略についてお話ししました。まとめとして、草食系投資を**「リスク」**と**「リターン」**の観点で見直してみましょう。

この2つは、金融商品や投資を語るうえで欠かせない要素です。ただし、投資を学ぼうとする人にとっては、最初の大きなハードルになります。マキさんは、リスクとリターンという言葉を聞いたことはありますか？

 両方とも簡単な単語なので、自分でも使ったことはあると思いますが、金融の用語としての意味となると、ちょっと……。「危険」と「利益」という意味ではないんですか？

 リターンのほうは「利益」で間違いありません。以降、**「収益」**としましょう。ですが、リスクについては危険という意味はいったん忘れてください。

 忘れるということは、リスク＝危険という意味ではないんですね……。

 資産運用の世界において、リスクは**「リターンの振れ幅」**を表

しています。リターンは、さきほどお話ししたように「投資で得られる収益」のことなので、リスクは**「投資で得られる収益の振れ幅」**になります。

危険とは真逆の意味なんだ……。

そういうわけでもないんです。リターンには「プラス」だけでなく、「マイナス」もあります。

「マイナスの収益」とは損失のことですね。リターンはプラスになったり、マイナスになったりします。リスクは、そのプラスとマイナスの振れ幅のことなんです。

すみません、正直、まだピンときていません……。

それが普通だと思うので大丈夫。使い方の実例を見れば、多少は理解しやすくなると思います。

例えば、金融商品に関して**「ハイリスク」**という表現を使うことがあります。これは「リスクが大きい」という意味で、すなわち**リターンの振れ幅が大きい**ことを表します。リターンの振れ幅が大きいということは、**「大きな収益が得られる可能性はあるものの、大きな損失が発生する可能性も同じくらいある」**というわけです。

対して、「ローリスク」という表現もあって、こちらは「リスクが小さい」という意味なので……。

「リターンの振れ幅が小さいこと」ですね！
ということは、**ローリスクの金融商品は、小さな収益しか得られないけど、損失も小さなものとなる**、という意味になるのかな……？

満点の回答です！
それぞれの代表的な金融商品を挙げると、株式はハイリスクに分類されます。一方、ローリスクには国債があります。

だんだんわかってきた!!　「リスクはリターンの振れ幅」！

ここで重要なのは、**金融商品のリターンの振れ幅というのは、基本的にリスクの大きさに「比例する」**ということです。
つまり、おのずと「ハイリスク・ハイリターン」、あるいは「ローリスク・ローリターン」になってきます。**「ローリスクでハイリターン」といった都合のよい金融商品は存在しません。**「損失は小さくて済むが、収益は大きくなる」という意味ですから。「ローリスク・ハイリターン」の金融商品と言われたら、詐欺を疑ったほうがいいくらいです。

気を付けなきゃいけないってことですね……（汗）。

リスクとリターンの関係

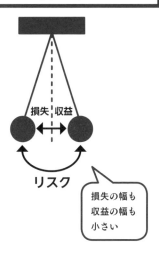

ローリスク・ローリターンの
イメージ

損失 収益

リスク

損失の幅も
収益の幅も
小さい

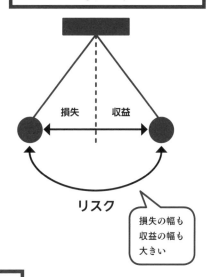

ハイリスク・ハイリターンの
イメージ

損失 収益

リスク

損失の幅も
収益の幅も
大きい

各金融商品のリスクとリターン

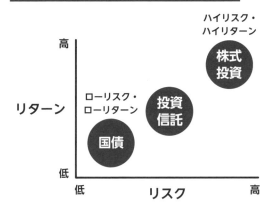

ハイリスク・
ハイリターン

株式
投資

リターン

ローリスク・
ローリターン

投資
信託

高

国債

低

低　　　リスク　　　高

着実にお金を増やし
たい人にとって、投
資信託はピッタリの
商品だニャー！

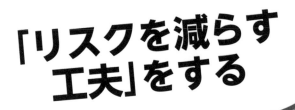

「リスクを減らす
工夫」をする

もう1つ、大事な点を付け加えておきます。
ひと口にハイリスク・ハイリターン、ローリスク・ローリターンと言っても、**明確な数値の基準はない**ということです。

みんな、好き勝手に使っているということですか？

さすがに、そこまで適当ではありません（笑）。
例えば、いまの日本のように、「マイナス金利」状態で、銀行の預金にほとんど利息が付かない状態であれば、5％程度の価格変動をする金融商品でも、ハイリスク・ハイリターンに分類される可能性もあります。
しかし、物価上昇率が3％や4％の国では、5％くらいの価格変動をローリスク・ローリターンと捉えることもできます。
何％の変動だからハイリスク、あるいはローリスクという明確な数値はないんです。

あくまで相対的な基準、ということですか？

その通りです。

ろっく先生は、さきほど「株式はハイリスクに分類される」と言っていましたが、草食系投資は株式に投資するんですよね？ということは、草食系投資も戦略によっては、ハイリスク・ハイリターンになるということですか？

 すごくいいところに気づきましたね！

 やった！　ろっく先生に褒められた！

 前にお話しした通り、草食系投資のコンセプトは、「アンチ肉食系」「負けない投資」「隣の芝生は見ない」です。
たしかに、個別株への投資そのものはハイリスク・ハイリターンになりますが、草食系投資では、**個別株投資のリスクを減らす工夫をしている**のです。
前にお話しした、儲けられる可能性が高いときに限って投資をする、などもその1つです。

 株式チャートを活用するという話ですね！

 ほかにも、「投資する金額を小さくすることでリスクを抑える」といった方法もあります。
こういった工夫をすることで、ハイリスクに分類される株式投資でも安心して行うことができるんです。

第 2 章

まずは
"土台づくり"から
始めよう!
～長期積み立て戦略～

ふむふむ

月イチで、1000円から始められる積み立て投資

 第2章では、草食系投資の土台となる「長期積み立て戦略」についてより詳しく説明しますね！

 よろしくお願いします！

 基本的に、「長期積み立て戦略」は、一般的な「積み立て投資」と変わりません。
金融機関が提供している積み立て投資は、「ユーザーが一定の金額で定期的に金融商品を購入する」サービスです。

 どんな金融商品を購入するんですか？

 証券会社や銀行が提供しているサービスにおいて、投資対象になる金融商品は、おもに株式や投資信託です。
株や投資信託以外では、金（ゴールド）の積み立て投資を提供しているところもあります。
以前は、商品先物会社でしか金の取り扱いがなかったのですが、いまは証券会社や一部の銀行で金の積み立て投資をすることが可能になったんです。

そういえば昔、「純金積み立て」のテレビCMを見たことがありますね〜。

 第1章でも説明したように、本来、積み立てをする金額や期間は、ユーザーが自由に決めてかまわないのですが、金融機関の積み立て投資のほとんどが月ベースなので、月1回の積み立てになります。
銀行口座から自動で引き落とされるため、残高不足にならない限り忘れることはありません。

 さきほど、1000円単位で始められるというお話でしたが、株と投資信託の両方とも1000円から始められるんですか？

 そうです。
以前は、株の場合、積み立て投資の最低金額を1万円に設定している金融機関が多かったのですが、ここ数年でサービスはかなり進化しました。
証券会社によって違いはあるものの、株でも1000円からできるところもけっこうありますよ。株式投資のハードルはずいぶん下がりました。

 知らなかった……。

積み立て投資の
３つのメリット

 ろっく先生、積み立て投資って、どんなメリットがあるんですか？

 おもに3点あります。
1つ目は、いま話をしたように、**「少額から始められる」** ことです。投資信託への積み立て投資なら、100円からできます。

 ひゃ、100円！　そんなに小額から始められるんだ！

 100円なら、マキさんのような20代の人でも、手軽に始められますよね。

 ここまでくると、もうやる気の問題ですね！

 その通り！
2つ目は、**「自動で投資できる」** こと。言い換えると、**「投資のタイミングに悩まない」** ということです。
それほどのメリットに見えないかもしれませんが、じつは意外と大きなポイントです。
「どのタイミングで買うか？」という悩みは、投資のビギナー

だけでなく、ベテランも同じ。特にビギナーの場合、必要以上に迷ってしまって、なかなか踏ん切りがつかないなんてことも少なくありません。

たしかに、毎月毎月、自分でいつ投資するかを決めなきゃいけないとなると、大きなストレスになりそうですね……。

いったん積み立て投資を始めてしまえば、自動で投資が行われるので、タイミングに迷わずに済みます。長期積み立て戦略は、文字通り長期間にわたって行うことで強みが発揮される戦略。継続して投資を行うには、積み立て投資が最適なのです。
そして、3つ目は、**「投資リスクの軽減」**です。これは、複数回にわたって投資をするという「時間分散」を行うことで、投資のリスクを軽減する効果が見込めます。

第1章でろっく先生に教えてもらった、「ドル・コスト平均法」の効果と同じですよね？

その通りです。
積み立て投資では、一定の金額を投資し続けることから、投資対象の金融商品の価格が安いときは買い付ける数量が増える一方、価格が高いときには買い付ける数量が減ることになります。その結果、買い付け価格の平均単価を下げる効果が期待できます。投資期間が長期になればなるほど、その効果は大きくなるんですよ。

積み立て投資の
成功の秘訣

 積み立て投資を成功させる秘訣は、できるだけ長く継続すること。これに尽きます。

 長く続けるか……。
じつは私、かなりの飽き性で、子供のころからなにごとも長続きしないんですよね〜（汗）。

 では、そんなマキさんに、投資において継続がいかに重要であるかがよくわかる例を紹介しましょう！

 お願いします！

 2021年、日経平均株価が30年ぶりに3万円を突破しました。
もし、30年前のバブルのピークのときから、積み立て投資を始めていたとしたらどうなるかを検証したいと思います。
右の日経平均株価のチャートを見てください。

 日経平均株価のピークって、1989年12月なんですね。

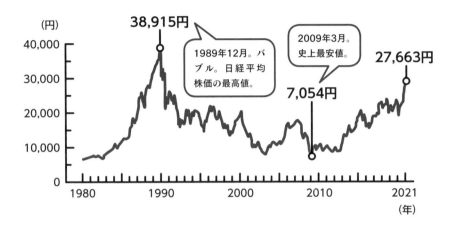

（円）

40,000

30,000

20,000

10,000

0

1980　1990　2000　2010　2021

（年）

38,915円

1989年12月。バブル。日経平均株価の最高値。

2009年3月。史上最安値。

7,054円

27,663円

3万8915円か、スゴイ……。

でも、それよりスゴイのは日経平均株価の下がり方……。まさに急降下状態。お、おそろしや……（汗）。

株価のバブルの崩壊が、わかりやすく形に表れていますよね。約1年後には2万円と、ほぼ半分のところまで一気に下がりました。

その後はと言うと、ちょっと戻す場面があるものの、結局は安値を更新してしまう展開が続き、結局、2009年3月に史上最安値となる7054円まで下がりました。

なんと、ピークの5分の1以下になってしまったんです。

単純に怖いです……（泣）。

ここからが問題なのですが、もし、このバブルのピークから現在まで、日経平均株価を対象として積み立て投資をしていたら、いまどうなっていると思いますか？

3万8915円を付けたのは、1989年12月末だったので、その後は、毎月月末に、日経平均株価に連動する投資信託を1万円ずつ購入するとします。

したがって、積み立ての期間は、1989年12月〜2021年1月の合計31年2か月間です。

2021年1月末の日経平均株価は2万7663円。パッと見た感じ、かなり損をしている雰囲気ですが、もしかして"プラマイゼロ"くらいまで、戻せたんですか？

2021年1月末までの積み立て投資による日経平均株価の平均購入価格は、1万6453円です。

そして、2021年1月末の日経平均株価は2万7663円なので、平均購入価格よりも68％値上がりしていることになります。

え!?　ということは、いくら儲かったんですか？

積み立て期間の合計は374か月なので、総投資金額は374万円。それが68％の値上がりで628万円になりました。

1989年12月から日経平均株価に毎月1万円投資すると……

積み立て期間	31年2か月（374か月） 1989年12月〜2021年1月
総投資額	374万円
株式評価額	628万円
収益	254万円！

収益は、なんと254万円です！

スゴイ!!!
ピークの株価に戻るまであと1万円以上もあるのに、こんなに利益が出るんですね。このチャートからは想像がつかないです……。

積み立て投資は、一定金額を継続して投資するので、日経平均株価が安いときは買い付ける数量が増えます。
バブル崩壊後は、長期間にわたって下落を続けてきたので、買い付ける数量が相対的に増えていきました。それが、平均購入価格を大きく押し下げることになったのです。

「長期間続けられるメンタル」がなによりも重要

 ドル・コスト平均法は、まさに"負けない"投資って感じですね！

 じつは、さきほどのシミュレーションには、いくつか"つっこみどころ"があるんです。

 えっ？　ろっく先生、もしかして私を騙したってことですか!?　私が初心者だからってヒドイ（泣）。

 まあまあ、落ち着いて私の話を聞いてください（笑）。
まず、日経平均株価は、どん底からまた上がってきたからよかったものの、ずっと下がり続けていたら、損失はどんどん膨らんでいきます。

 そんなことって本当にあるんですか？

 個別の株を買い続けていたとしたらどうでしょう。
積み立て投資を始めたときからずっと下落傾向を続け、最終的に倒産してしまった場合、損失が拡大しながら最後に大損してしまう、という結果になりますよね。

たしかに……。

 日経平均株価は、日本を代表する225の企業の株価を合成した指数なので、仮に1社が倒産しても株価がゼロになることはありません。

つまり、数多くの企業に分散投資していることになります。**積み立て投資に分散投資を併用することで、リスクを減らすことができます**。

また、**このような株式市場の指標となる「指数」は、基本的に経済の成長とともに上昇していくと想定されるので、個別株ほどのリスクはない**と考えていいでしょう。

 なるほど……。
完全にではありませんが、ろっく先生の言いたいことはなんとなく理解できた気がします。

 あと、このシミュレーション通りに儲けるには、大きなハードルがあります。マキさん、なんだと思いますか？

 えーと、答えになっているかどうかわかりませんが、30年というのはかなりの長期間だなあって思います。ずっと続けるのはかなり大変そうですよね……（汗）。

 おっ！　ほぼ正解です。

えっ本当ですか!?　やった!

 日経平均株価のチャートを改めて眺めてください。
2009年3月にどん底になって、その後、無事に反転して上昇
していますよね?

 はい、そうですね。

 でも、過去の下がっている最中に投資していた人の身になって
みてください。

 「もうそろそろ上がるだろう」と思いながら投資を続けている
けれど、それに反して相場はさらに下がっていくという……。

 その通りです。

 2000年の1月くらいに株価が2万円を超えていますよね?　当
時、積み立て投資をしていた人は、「これで、やっと報われる!」
と思ったはずですけど、その後さらに株価が下がって、1万円
以下になっちゃった。まさに生き地獄……。

 メンタルは、相当キツかったでしょうね……。

 そのときに投資をやめなかった人は、とんでもなく忍耐強い人
ですよね。

同感です（笑）。

でも、積み立て投資なら、メンタルに関係なく、勝手に投資できるところが強みなんですよね。

また、積み立て投資は、相場が下がったときは多めに買い付けられるので、少しぐらい下落相場が続いても、「たくさん買えるから気にならん」と思うことができます。

それが何年も続いたとしたら、どうでしょうか？

メンタルはどんどんやられていく……。

はい。なにが言いたいかというと、積み立て投資を成功させるコツは長期間続けることではあるのですが、それは、口で言うほど簡単じゃない、ということなんです。

私自身、我慢強いかというと、ちょっと自信ないです……（泣）。

私も、同じくそれほど我慢強くありません（笑）。

ろっく先生、では、どうすればいいんでしょうか？

長期積み立て投資の最強奥義は「忘れる」！

 投資の世界では、昔から、**投資したことを忘れる「気絶投資法」**というものがあります。

相場の動きに一喜一憂せず、投資していること自体を忘れてしまおう、ということです。

 えーっ！　自分の大切なお金を投資しているのに、忘れちゃうんですか！

そんなことできるかなあ……（汗）。

 実際には、なかなか忘れられないかもしれません（笑）。でも、投資経験が長くなると、本当にだんだんと意識しなくなるものなんですよ！

 そんなもんですかねえ……。

 「隣の芝生を見ない」ことが大切です。

草食系投資としては、王道のやり方かもしれませんね。

あと、「相場を信じる」ことも大事です。

あのバブル崩壊で酷いことになった日経平均株価でさえ、報われるときが必ずやってくるわけです。

少し難しい話になりますが、**景気は循環します**。
基本的に、「好景気→不景気→好景気→不景気」というサイクルがあるんですね。
ざっくり言うと、**10年程度の周期で好景気と不景気が訪れるので、まず10年間は続けたほうがいい**でしょう。

10年か……。
長い目で見ることが大切なんですね……。

バブル崩壊後の日経平均株価は、10年では成功しませんでしたけど、あの規模のバブル崩壊はそうそうやってこないだろうとは思いますね。
10年間、積み立て投資を続けられれば、そこそこの結果は出ているはずなので、次の10年も続けられる気力がおのずと湧いてくるでしょう。
相場が下がったときには、「たくさん買えてラッキー」と思うようにして、下落が続いたときは、日経平均株価のチャートを思い出して乗り切ってほしいです（笑）。

あのチャートを縮小コピーして、自分のお財布に入れておこうかな……。

そのアイデア、案外いいかもしれないですね！

長期積み立て投資で
選ぶ商品は？

 次に、長期積み立て投資のポイントは、「投資先」です。

 いままでの話の流れだと、日経平均株価ではないということですか？

 日経平均株価もダメではないんですが、もっとよい投資先があります。それが、**米国や海外の株価指数に連動する投資信託やETF**です。

 投資するのは、日本ではなく海外なんですか!?

 はい。これまでも、そして今後も**日本株より米国を含めた海外の株式のほうが高い成長を期待できます**。

 でも、海外に投資なんて、そんな難しそうなことが私にできるんですか？　私、自慢じゃないですけど、海外の企業って言われても詳しく知らないですけど……（汗）。

 あくまで投資信託やETFに投資をするので、マキさんが直接海外の個別企業を選ぶわけではありません。

よかった……。

 まず、投資信託（ファンド）についてですが、複数の投資家から集めた資金を運用のプロであるファンドマネージャーが投資家に代わり株式や債券などに投資する金融商品です。

投資信託の金融商品としての特長は、**個人投資家でも手軽に分散投資できる**ことです。

たった1つのファンドを買うだけで、株式であれば何百種類という銘柄に投資できますし、複数の株式や債券を組み合わせたファンドもあります。

また、主要国の金融商品だけでなく、個人投資家では直接投資することが難しい、海外のさまざまな国や地域、そして金融商品に投資しているファンドもあります。

 投資信託、最高じゃないですか！

 難点は種類が多すぎることでしょうか……。

現在、国内で買えるファンドは約6000本あると言われていて、知識がないと自分に合ったファンドを選ぶのはけっこう難しいかもしれません。

 ろ、6000もあるんだ……（汗）。

投資信託とETFは「同じもの」と考えてOK

 次にETFにいきましょう！
ETFの日本語訳は**「上場投資信託」**です。名前に投資信託が入っていることからもわかるように、**金融商品としての中身は投資信託と同じだと思ってかまいません**。

 えっ？　中身は同じなのに、なんで違う名前が付いているんですか？

 異なるのは、株式市場に上場されている点です。つまり、株式市場の取引時間中であれば、いつでも売り買いが可能ということです。

 投資信託は、上場されていないんですか？

 そうなんです。投資信託は、証券会社や銀行にいわば"在庫"があって、証券会社や銀行に注文を出せばそのまま買えます。
株やETFも証券会社に注文を出しますが、証券会社はその注文を株式市場に取り次ぐだけで、投資家に直接販売するわけではありません。あくまで取り次ぎをするだけです。
証券会社に払う手数料は、"取り次ぎ手数料"というわけです。

投資信託とETFの違い

	投資信託	ETF
上場・非上場	非上場	上場
価格	1日1回算出される基準価額	リアルタイムで変動する市場価格
購入場所	証券会社や銀行、郵便局など	証券会社
注文方法	基準価額をもとに金融機関で購入	証券会社に注文を出す
購入時の費用	ファンドまたは販売会社によって異なる	証券会社によって異なる
信託報酬	ETFよりも割高	投資信託よりも割安
売却時の費用	信託財産留保額や換金手数料がかかる	売買委託手数料がかかる

大きな違いは、上場しているかいないか、ということなんですね〜

投資ビギナーは、ほぼ同じ、と考えてもらって問題ないです。

現在、東京証券取引所に上場しているETFは247本（2021年6月末時点）あります。

 6000もある投資信託に比べれば少ないですね！

 たしかに、投資信託と比較すると少ない印象ですが、海外では多数のETFが上場されていて、投資信託と同じくらい個人投資家にとっても馴染みのある金融商品になっています。なお、海外のETFも国内で買えます。

 ろっく先生、投資信託とETFは、ズバリどちらのほうがいいんですか？

 マキさんには悪いですが、一概にどちらがよいとは言えません。投資対象が同じときにはコスト（手数料）を比較することになります。
ただし、その説明をこの後続けると、おそらくマキさんの容量をオーバーすると思うので、やめておきます（笑）。
ここでは、投資信託とETFはほぼ同じで、違うのは買い方だけと覚えておいてください。

 助かります（笑）。

ズバリ、オススメの
金融商品はコレ！

 では、肝心の「長期積み立て投資で買うべき投資信託（ETFを
含む）」に話を移します。
私のオススメは、ズバリ、**米国の株価指数である「S&P500」
に連動する投資信託です**！

 おー！

 S&P500とは、ニューヨーク証券取引所に上場している、米国
を代表する500銘柄の株価を合成して指数化したものです。日
経平均株価は、日本を代表する225銘柄の指数なので、指数の
算出方法は日経平均株価に近いですね。

 「NYダウ」とは違うんですか？

 「NYダウ」は、正式名称を「ダウ・ジョーンズ工業株価平均」
といって、米国の代表的な30銘柄の株価を平均したものです。
こうした指数は、株式市場全体の指標にもなっていることから、
一般的に**「インデックス」**と呼ばれています。
S&P500のほうがNYダウよりも多くの銘柄を対象としている
ので、より株式市場全体の動きを表している、と言えます。

そうなんだ〜。

S&P500に価格が連動する投資信託は、国内でたくさん販売されています。もちろんETFもあります。
そうした投資信託やETFで、積み立て投資をするわけです。
右のチャートを見てください。
S&P500の長期チャートです。

なんか、すごい右肩上がりのグラフですね〜！

過去、何度も暴落しながらも、そのたびに復活を遂げ、さらに大きく上昇してきました。
おそらく、これからも暴落することはあると思いますが、そのたびに復活してくれるはずです。**米国の経済や企業の成長力は、世界的にも抜きん出ている**と思います。

見るからに力強いですね！

あと、注目してほしいのが、**下落から反転までの時期がわりと短期間**であることです。

本当だ！

2000年に発生したITバブルの崩壊、それに続く2001年9月11日の「アメリカ同時多発テロ」、さらに2008年の「リーマン・

S&P500の長期チャート

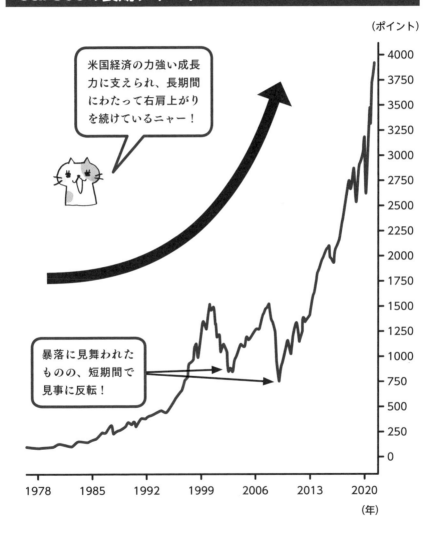

（ポイント）

米国経済の力強い成長力に支えられ、長期間にわたって右肩上がりを続けているニャー！

暴落に見舞われたものの、短期間で見事に反転！

ショック」といった歴史的な事件が3回も起こったにもかかわ
らず、2009年に株価は再浮上しました。10年間我慢すれば、
報われるということがわかります。

 これなら、メンタルがやられる前に株価が上がりそう！

 S&P500を私がオススメする理由は、まだあります。
S&P500は、各業種を代表する企業が選ばれており、銘柄の
入れ替えも行われています。もし、採用銘柄の中で倒産しそう
な企業があれば、すぐに外されるんです。「イイとこどりのズ
ルい指標」とも言えますね。
最近では、将来的に成長が見込まれるTesla（テスラ）が
S&P500に組み入れられました。

 テスラって、電気自動車のメーカーですよね！

 はい。「S&P500」なら、長期積み立て投資を続けやすいで
しょう。もちろん将来的にも、日本株よりも大きなリターンが
期待できます。右のページに、S&P500に連動するおもな投資
信託とETFをピックアップしました。投資信託とETFには、管
理や運用にかかる「信託報酬」という費用がかかります。それ
ぞれ、信託報酬が比較的割安な商品を選んだので、参考にして
みてください。

おもなS&P500連動型の投資信託とETF

名称	運用会社	信託報酬
eMAXIS Slim 米国株式（S&P500）	三菱UFJ国際投信	0.0968%
SBI・バンガード・ S&P500インデックス・ファンド	SBIアセットマネジメント	0.0938%
iFree S&P500インデックス	大和アセットマネジメント	0.2475%
MAXIS米国株式（S&P500） 上場投信	三菱UFJ国際投信	0.0858%程度
NEXT FUNDS S&P500 指数（為替ヘッジなし）連動型 上場投信	野村アセットマネジメント	0.0770%

※信託報酬は税込の数字

上の3本が投資信託で、下の2本がETFということですね。

投資信託は、証券会社で積み立て投資ができます。購入日と金額を指定すれば、あとは自動で積み立ててくれるのでラクチンです！

信託報酬は、投資信託よりもETFのほうが割安なのニャー。毎月、自分で購入できるという人は、ETFがオススメだニャー！

絶対に、積み立てる金額で無理しない

 本章の最後に、長期積み立て戦略のコツをもう1つ紹介します！

 お願いします！

 金額設定で無理をしないことです！

 無理をしないか……。でも、やっぱり投資なので、金額はできるだけ多いにこしたことはないんじゃないですか？

 それはそうなのですが、長期積み立て投資は、長期間継続することがなによりも重要なので、**途中でやめることが一番のリスクになる**んです。それを回避するには、**無理のない金額で始めることがとても大事になります**。

 なるほど！　金額の目安ってありますか？

 さきほども言いましたが、1000円から、証券会社によっては100円からでもできます。

100円じゃあ、さすがに少なすぎるかな～。
最初は、1000円くらいからでいいですかね？

投資にお金を回すことで生活に支障が出てしまうと、続けることが難しくなるので、生活費を削らない範囲で。
マキさんも、少し節約をすれば5000円程度は捻出できるのではないでしょうか？

私の場合、節約すれば5000円どころじゃありません。威張れることではないですけど……。

最初は1000円からでもよいと思いますよ。余裕が出てくれば、積み立てる金額を増額してもOKです。一定金額で続けないといけない、というルールはないので。

わかりました！

あと、「苦しくなったら積み立てをストップしてもかまわない」という人もいますけど、一度ストップしてしまうと、ストップしたままになったり、積み立てを再開してもまたすぐにストップする"クセ"が付いたりしてしまうので、なんとか続けることをオススメします。
つまり、ストップすることがないような"無理のない金額"で開始することを優先してください。

よく、投資にお金を回す前に貯金をしてください、という人も
いますよね？
だいたい、年収分の貯金、あるいは半年分の収入と同額の貯金
が必要、という話になるんですけど。
やっぱり、それくらいの金額の貯金がないとマズイですか？

 たしかに貯金ゼロはマズイと思いますが、月収分の貯金があれ
ば、積み立て投資を開始してもいいでしょう。毎月の収入でや
り繰りができて、かつ貯金が少しでもできてさえいれば。そこ
で、節約して投資にお金を回そうとすることで、無駄遣いを防
げます。結果、家計にもいい影響が出ると思いますよ。
せっかく投資を始めようとしているのに、「とにかく収入の半
年分の貯金を貯める」ことにこだわりすぎると、やる気がなく
なってしまいます。

 本当に、その通りだと思います。
気持ちがスッキリしました！

第 3 章

失敗しない!
株チャートの読み方
〜短期コツコツ投資〜

難しそう…

きっと大丈夫にゃ

じつは、「低リスク」な短期コツコツ投資

 次は、草食系投資の2つ目の戦略である **「短期コツコツ投資」** について詳しく解説します！

 お願いします！

 まず、**投資対象は株式**になります。

 もしかして、株の短期投資って、一日中、複数のパソコンの画面とにらめっこしながら何度も取引するやつですか？

 マキさんが言っているのは、デイトレードですね。
デイトレードは生計を立てるための"本業"になるので、完全な"肉食系"です。私たちのような草食系投資と一線を画すまったくの別物です。
草食系投資で行うのは、**「スイングトレード」** です。
スイングトレードとは、2〜3日とか1週間程度といった期間で、1回の取引を完結させる投資手法です。株価って、私の経験上、1週間から10日程度で小さいトレンドが変わっていくので、そのトレンドを"サクッ"といただきます。

株式投資の投資スタイル

	デイトレード	スイングトレード
投資スタイル	肉食系	草食系
投資期間	1日	2日〜1週間程度
特徴	・1日の中で値動きを予想する ・1日に何度も取引をすることがある ・日中に株価のチェックを続けなくてはならない ・取引回数が多いため、売買手数料がかさむ	・短期間で小さな値動きのトレンドを予想する ・1週間程度の間に1回の取引を完了させる ・1日2回程度の株価チェックでOK

スイングトレードだったら、本業がある私でも無理なくやれそうです！

スキマ時間をうまく活用するとよいニャー！

一般的に、株式投資というと、デイトレードをイメージする人が多いですが、スイングトレードは、もっとユルーイ感じです。

パソコンやスマホで株価を一日中見なくてもいいんですか？

 見なくて平気です。**取引している間も、1日にせいぜい2回くらいチェックすればOK**です。
しかも、チェックするのは株価のチャートだけ。短期コツコツ投資は、基本、チャートしか使いません。

 ちゃ、チャートか……（汗）。

 そんな不安そうな顔をしなくても、簡単なルールを覚えるだけで、誰でも使えるようになりますよ！

 本当ですか？　がんばります！

 一般的に、短期投資というと、危ないというイメージを抱いている人が多いですよね？　でも、じつは、短期投資って、リスクはそんなに高くないんですよ。前に説明した通り、リスクとは価格の振れ幅のことなので、投資期間が短ければ短いほど振れ幅は小さくなる傾向があり、反対に、期間が長くなるほど振れ幅は大きくなるからです。なので、長期投資をする場合は、分散投資ができるインデックス型の積み立て投資をオススメしているのです。

 そっか～！　そう考えれば、たしかにリスクは小さいということになりますね！

相場に振り回されない チャートの読み方を マスターせよ！

 チャートをメインにしたスタイルに変えてから、どうして自分が勝てるようになったのか？　ポイントは4つです。

《ろっくがトレードで勝てるようになった4つのポイント》
(ポイント1)　トレード計画が立てられるようになった
(ポイント2)　エントリーポイントがわかるようになった
(ポイント3)　大局的な相場がわかるようになった
(ポイント4)　「売り」ができるようになった

この4つが身に付いてからは、自分のペースで投資できるようになりました。それまでは相場を追いかけて、いつも相場に振り回されていました。でも、自分なりにトレードのスタイルを確立してからは、相場に対して余裕が持てるようになり、メンタル面でも優位に立てる感じがしています。**相場が自分の思い通りになるのを待てるようになったん**です。
相場に対して「従」から「主」の立場に転換できると、メンタル面で優位になれます。これを頭の片隅に入れておいて、チャートの解説に移りましょう！

チャート分析に欠かせない「ローソク足」の基本

 短期コツコツ投資を実践するには、最低限のチャートの知識が必要になります。少しお勉強感が強まりますが、しばらく我慢して付いてきてくださいね。まず右のチャートが、もっとも一般的に使われている**「ローソク足」**のチャートです。グラフの要素である1つひとつの棒を「ローソク足」と呼んでいます。ローソクに似ているからというストレートな理由です。

 たしかに、白い棒で上に線が伸びているものはローソクに見えなくもないですね。

 名前は単純ですがかなりの優れもので、1本1本のローソク足に驚くほど多くの情報が詰め込まれています。株式市場で取引がスタートして、最初に付いた価格のことを**「始値（はじめね）」**、最後に付いた価格を**「終値（おわりね）」**と呼びます。**通常、株価と言ったときは「終値」を指します。**

そして、取引時間中に付いたもっとも高い価格を**「高値（たかね）」**、もっとも安い価格を**「安値（やすね）」**と呼びます。たんに株価といっても4種類の価格があることになります。つまり、**1つのローソク足に4つの価格の情報が入っている**のです。

ローソク足チャートの見方

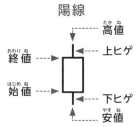

陽線

終値 (おわり ね) ----
始値 (はじめ ね) ----

→ 高値 (たか ね)
← 上ヒゲ
← 下ヒゲ
↑ 安値 (やす ね)

陰線

始値 ----
終値 ----

→ 高値
← 上ヒゲ
← 下ヒゲ
→ 安値

ローソク足は、上がる陽線と下がる陰線の2種類、とまずは覚えればいいですね！

ローソク足は、株価の動きが視覚的に一発でわかる優れモノなんだニャー！

最初は複雑そうに見えるかもしれませんが、慣れればカンタンですよ！

ローソク足には、白と黒があります。**始値よりも終値が高かった場合、白い「陽線」になります。反対に、始値よりも終値が安かった場合、黒い「陰線」になります。**

そして、上下の線を「ヒゲ」と呼び、上のヒゲを「上ヒゲ（うわひげ）」、下のヒゲを「下ヒゲ（したひげ）」と言います。**上ヒゲは高値、下ヒゲは安値を表しています。**

 ヒゲのない陽線と陰線もありますよね？

 陽線の場合、始値と安値が同じ価格なら下ヒゲは出ません。さらに、終値と高値が同じ場合、上ヒゲは出ません。では、陰線ならどうでしょう？

 えーと、陰線で終値と安値が同じ場合は下ヒゲがなくて、始値と高値が同じなら上ヒゲがない、で合っていますか？

 正解です。ここまでの話をまとめると、ローソク足には4つの株価情報が入っていて、それぞれの価格によって、右のように8つのパターンがあることになります。

でもこれだけじゃないんです。始値と終値がまったく同じ場合は、"棒"ではなくて1本の線になります。この線に上ヒゲと下ヒゲが付くと、「十字線」と呼ばれるものになります。

 ほんとだ、十字になりますね！

陽線と陰線の種類

陽線の４つのパターン

| 大陽線 | 小陽線 | 上ヒゲ陽線 | 下ヒゲ陽線 |

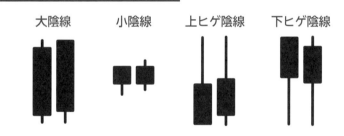

陰線の４つのパターン

| 大陰線 | 小陰線 | 上ヒゲ陰線 | 下ヒゲ陰線 |

十字線の４つのパターン

十字線　　足長同事線　　トンボ　　トウバ

いかにも上がりそうな 「よいローソク足」 とは？

 1本のローソク足に、こんなに意味があるなんて……。

 いやいや、驚くのはまだ早いですよ！
これまで紹介したローソク足の中で、いちばん“よい”ローソク足はどれだと思いますか？

 よいローソク足……、ですか？

 株価が上昇しそうなローソク足を「よいローソク足」、下落していきそうなローソク足を「悪いローソク足」とします。

 うーん、陽線が値上がりしていて、陰線が値下がりしていることまではわかるんですけど……。

 そこまでは合っていますよ。もう少し詳しく言うと、陽線は長ければ長いほど大きく値上がりしたことを表し、さらに、上ヒゲがない陽線は、上昇の勢いがもっとも強いことを表しています。上ヒゲがない陽線は、取引時間中にほぼ値上がりし続けて、取引がそのまま終了したことを表していますから。

よいローソク足

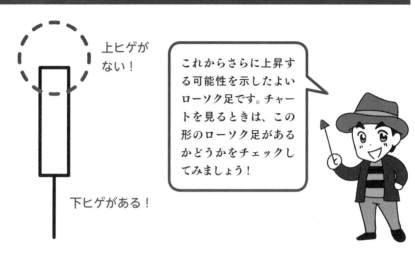

上ヒゲが
ない！

下ヒゲがある！

これからさらに上昇する可能性を示したよいローソク足です。チャートを見るときは、この形のローソク足があるかどうかをチェックしてみましょう！

 逆に、下ヒゲがない長い陰線は、値下がりの勢いが強いことを表しています。つまり、**下ヒゲがあって上ヒゲがない陽線が、これからも上昇していきそうという意味で「よいローソク足」、と言っていい**と思います。

 なるほど〜！

 こうしたことから、長い陽線を **「大陽線」**、長い陰線を **「大陰線」** と呼んで、他のローソク足と区別します。大陰線は、株価が下がりそうな悪いローソク足です。大陽線、大陰線ともに、"大" の基準はなく、前後のローソク足と比べて明らかに長い場合に呼んだりします。このあたりは、アバウトです。

期間別「ローソク足」の種類

　いままで説明してきたローソク足は**「日足（ひあし）」**です。1日単位の株価の情報が入っているからです。
日足のほかに、**「週足（しゅうあし）」**、**「月足（つきあし）」**などもあります。週足であれば、その週のいちばん最初に付いた価格が始値になります。

　へえ！　日足だけじゃないんだ〜！

　ほとんどの場合、月曜日の始値が週足の始値になります。月曜日が祝日とかであれば、火曜日の始値が週足の始値ですね。
そして、週のいちばん最後に付いた価格が終値で、これはほとんどが金曜日の終値でしょう。
1週間のうち、もっとも高い株価が週足の高値、もっとも安い株価が週足の安値になります。

　ぜんぶ、ちゃんと名前があるんですね〜。

　1つずつ説明はしませんが、同様に、1か月単位の月足、1年単位の「年足（ねんあし）」もありますし、日足よりも短い期間のローソク足というのもあります。

日足よりも短いローソク足があるんですか？

 はい。例えば、1時間単位とか1分単位とか。それぞれ、「1時間足」、「1分足」などと呼ばれます。

 1分単位のローソク足なんて参考になるんですか？

 こうした短い単位のローソク足は、デイトレーダーのような1日に何回も取引するタイプの投資家が使うものと言えます。また、FX投資などで活用されることも多いですね。

 短期コツコツ投資で使うのは、日足だけですか？

 はい、短期コツコツ投資では、基本的に日足しか使いません。ただし、株価の長期的な動向を見るうえでは、週足も大いに参考になります。
ここでは、ローソク足には、期間ごとに種類があるということを覚えておいてください。

過去の終値の平均値を結んだ「移動平均線」

次は、「**移動平均線**」です。これも見覚えがあるのではないでしょうか?

株価のチャートには、たいていこの線があるような。

そうですね、特殊なチャート以外は。

特に、ローソク足と相性がよく、「**ローソク足＋移動平均線**」**はセットで使う**と覚えておいてください。

移動平均線という名前から、ある程度はどういうものか想像がつくと思いますが、きちんと説明するとなると、けっこう大変です。

正確に言うと、「**ある期間の終値の平均値の変化をグラフで表示したもの**」といった感じでしょうか。

例えば、「**5日移動平均線**」は、当日を含む過去5日間の終値の平均値を毎日計算して、それをグラフ上に表したものです。「**10日移動平均線**」なら、過去10日間の終値の平均になります。

日足ベースで、「5日」以外でよく使われるのは、「10日」や「20日」「25日」、あとは「75日」あたりです。

期間が長くなればなるほど、昔の終値と一緒に計算されるので、

移動平均線の種類

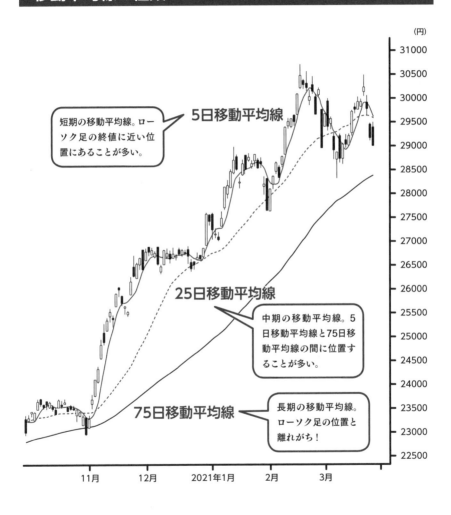

(円)

短期の移動平均線。ローソク足の終値に近い位置にあることが多い。

5日移動平均線

25日移動平均線

中期の移動平均線。5日移動平均線と75日移動平均線の間に位置することが多い。

75日移動平均線

長期の移動平均線。ローソク足の位置と離れがち！

そのときのローソク足の終値とは違う価格になりやすいです。
一方、**5日移動平均線は、直近5日間の平均値なのでローソク足の終値に近くなります**。

前ページの図を見ると、だいたいそうなっていますね。
5日移動平均線はローソク足とくっ付いている印象です。
でも、25日移動平均線とローソク足の終値がほぼ同じときもありますよね？

はい。株価は上昇と下落を繰り返すので、いずれそういう局面はやってきます。
まあ、**長期の移動平均線はローソク足と離れがち**、という程度に理解しておいてください。

わかりました！

あと、移動平均線は、ローソク足の単位に応じて変わる点もポイントです！
日足のローソク足チャートには、1日単位で計算される移動平均線が表示されますし、週足のローソク足だと、1週間単位で計算される移動平均線になります。

「移動平均線」で
相場のトレンドを
読もう！

では、移動平均線の役割について説明しましょう！
移動平均線は、現状の株価が上昇傾向なのか、それとも下落傾向なのかについてのトレンドを表しています。したがって、まず移動平均線の傾きが大事ですが、加えて、ローソク足と短期・中期・長期のそれぞれの移動平均線の位置も重要です。

どういう位置にあるといいんですか？

上昇トレンドは、移動平均線の傾きは上向きで、上から順に、ローソク足、短期、中期、長期の移動平均線が並んでいる状態です。下降トレンドは、移動平均線は下向きで、位置は上から順に、長期、中期、短期の移動平均線、そして、ローソク足が並ぶことになります。

期間ごとの移動平均線とローソク足の上下関係ですね。

移動平均線の角度も重要です。右肩上がりが急角度であればあるほど、強い勢いで上昇していることになります。

そのあたりは、視覚的にわかりやすいです。ただ、ローソク足

との違いが、まだピンときません（泣）。

たしかにマキさんの言うように、株価のトレンドや勢いは、ローソク足だけでもある程度つかめますからね。
移動平均線の大きな特長は、ローソク足との位置関係によって、トレンドのより細かい分析ができたり、投資のタイミングがわかったりすることなんです。
例えば、**ローソク足が20日や25日などの中期の移動平均線より上にあるときは、上昇のトレンドがより強い状態にある**、と判断できます。
また、中期の移動平均線よりも上に位置していたローソク足が、いったん下降してきて、移動平均線にぶつかり、その後反転して上昇していくときは、「買い」のチャンスになったりします。
移動平均線だけではどうってことないんですけど、ローソク足が加わり、短期・中期・長期といった複数の移動平均線が一緒に並ぶと、さまざまな視点で、株価のトレンドが分析できるようになります。そうした分析によって、投資のタイミングを計るわけです。

……私にもできるようになりますか??

言葉で説明すると複雑そうな印象ですが、チャートのいいところは図が使えるところ。言葉よりも、図を見れば一目瞭然なので余裕でできるようになりますよ！

移動平均線の特長

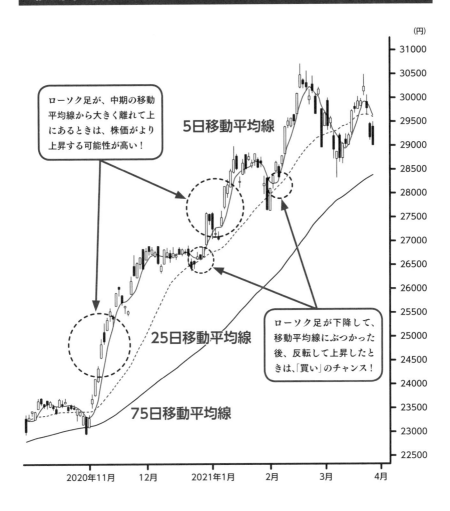

ローソク足が、中期の移動平均線から大きく離れて上にあるときは、株価がより上昇する可能性が高い！

5日移動平均線

25日移動平均線

75日移動平均線

ローソク足が下降して、移動平均線にぶつかった後、反転して上昇したときは、「買い」のチャンス！

(円)

2020年11月　12月　2021年1月　2月　3月　4月

教えます！
しっかり儲かる
「鉄板パターン①」

 では、具体的なトレード方法を説明しましょう！

 よろしくお願いします！

 まずは「鉄板パターン①」からいきましょう。

使うのは、日足のローソク足と3本の移動平均線です。移動平均線は、5日線の「短期線」、20日線or25日線の「中期線」、60日線or75日線の「長期線」です。

サンプルとして使うチャートは、日本郵船という会社の株になります。

以上をまとめたのが、右の図です。

このチャートに沿って解説しますね。

鉄板パターン①は、**中期移動平均線と長期移動平均線が、いずれも上昇していることが条件**です。この状態で、**株価が下降したときが狙い目**になります。

もし、株価の下降が中期移動平均線の手前で反転して、その後、ローソク足の終値が短期移動平均線を越えたら、そこが投資のタイミングになります。

 投資をすることを「エントリー」と表現するので、以後、「投

鉄板パターン①　事例：日本郵船

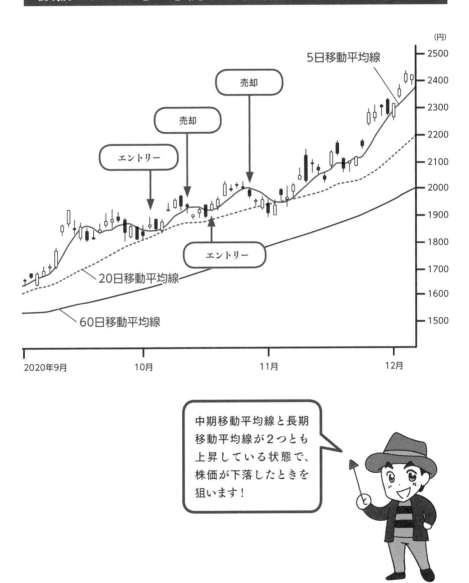

資すること」＝エントリーでいきます。

「参加の申し込み」という意味の英語ですね！

その通りです。

なぜここが買いエントリーのタイミングになるか？

中期と長期の移動平均線が上昇している場合、株価が下降して
も、株価の上昇トレンド自体は崩れていないと考えられます。
株価は、短期的には上がったり下がったりを繰り返すので。
となると、下降は一時的と想定できるので、反転するキッカケ
待ちになります。そのサインが、まず株価が中期線を割ること
なく反発すること、さらに、終値が短期移動平均線を超えるこ
と、です。この2つが揃ったら、買いエントリーします。

終値が短期移動平均線を超えなかったら、見送りですか？

条件が揃わなかったということで、見送ります。

買いエントリーができたら、次は「売り」です。

売りのタイミングは、それほど難しくありません。買いエント
リーの後、5〜7日を目安に売ってください。
ここに載せているチャートほどは、キレイに上昇しないかもし
れないし、もしかすると、上がるどころか少しマイナスかもし
れません。だけど、**深追いは禁物。売った後、さらに上昇して
いてもいっさい気にしないこと**。

ガツガツしない、ということですね。

 あと重要な点をもう1つ。

もし、買いエントリーをした後、予想に反して、すぐに株価が下降してしまったらどうするか？

その場合、**ローソク足の終値が、短期の移動平均線を割ったら売ります**。いったん相場から撤退するわけです。そうした損失が出ている買いエントリーを売りで解消することを **「損切り」** と呼びます。

傷が浅いうちに撤退する損切りは、投資における重要なテクニックです。上級者ほど、スパッと損切りできます。

逆に、投資で失敗する人は、ズルズルと損が出ている株を引きずってしまい、結果的に大きな損失を抱えることになります。それが原因で、株式投資をやめてしまう人も少なくありません。**買いエントリーをするときは、「こうなったら撤退をする」という撤退条件を決めておくことが大切です**。その条件が満たされたときには、自動的に損切りをしてください。

 わ、わかりました……。

 そんなに暗い顔をしなくても大丈夫ですよ！
次がありますから（笑）。

鉄板パターン①について、もう1つ、別の銘柄も見てみましょう。右のチャートは、ソフトバンクグループです。2020年6月中旬に出現したサインで、中期線と長期線はいずれも上昇している中、株価が下落し、一時的に短期線を割り込んできました。しかし、中期線にぶつかった後、大きな陽線が立って、短期線を上回ってきました。

 そこがエントリーのポイントですね！

 はい。エントリー後、5営業日後に再び、短期線を割り込んできたので、いったん利益を確定します。ただ、その後を見てください。すぐに同じようなパターンが出現したのでエントリーしましたが、またすぐに短期線を割ったので、今度は損切りです。

 うーん、残念（泣）。

 でも、さらにその後、エントリーのサインが出たので、エントリーをすると、これは大きく利益を伸ばせました。

 サインが目まぐるしく出てきますね……（汗）。

 こういうケースは珍しくありません。重要なことは、サイン通りに冷静にトレードすることです。1回の失敗でクヨクヨせず、気持ちを切り替えていけば、必ず新しいチャンスをつかめるという見本ですね。

鉄板パターン①　事例：ソフトバンクグループ

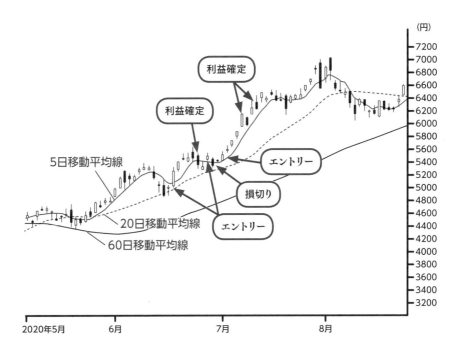

(円)
- 7200
- 7000
- 6800
- 6600
- 6400
- 6200
- 6000
- 5800
- 5600
- 5400
- 5200
- 5000
- 4800
- 4600
- 4400
- 4200
- 4000
- 3800
- 3600
- 3400
- 3200

利益確定

利益確定

5日移動平均線

20日移動平均線

60日移動平均線

エントリー

損切り

エントリー

2020年5月　　6月　　7月　　8月

教えます！
しっかり儲かる
「鉄板パターン②」

では、「鉄板パターン②」にいきます。

使うチャートや基本的な考え方は「鉄板パターン①」とほぼ同じです。

まず、**中期と長期の移動平均線が、いずれも上昇していること。**これは①と同じです。次に、**移動平均線が、上から順番に短期・中期・長期と並んでいることが条件。この状態でローソク足が短期移動平均線を越えたら、買いエントリーになります。**

パターン①は、短期的な下落局面が狙い目でしたが、②は下落していなくてもいいんですか？

はい。買いエントリー後、終値が中期移動平均線を下回ったら売ります。①は5～7日が目安でしたが、②は日数ではありません。また、撤退する条件も、終値が中期移動平均線を下回ったときです。中期と長期の移動平均線が上昇中で、短期・中期・長期それぞれの移動平均線が上から並んでいるときは、①よりも株価の上昇の勢いは強い状態です。そのため、中期線を下回るまで、エントリーを継続してもかまいません。

株価のトレンドに方向感がなく、しばらく横ばいを続けた後、上昇トレンドになりつつあるという局面で、②の買いエント

鉄板パターン②

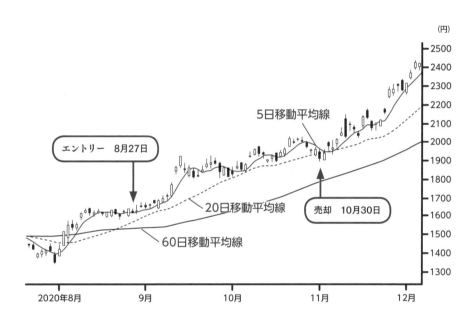

(円)

エントリー　8月27日

5日移動平均線

20日移動平均線

60日移動平均線

売却　10月30日

2020年8月　9月　10月　11月　12月

中期と長期の移動平均線が上
昇し、かつ、上から順番に短期、
中期、長期と並んでいる状態
で、ローソク足が短期移動平均
線を越えたところを狙います。

リーのポイントが出現することはよくあります。ただ、①より
も出現する頻度は低いですね。

わかりやすいけど頻繁には出ないということですね。

下落局面で買う、「逆張り」ではないので、マキさんのように
初心者の人でもやりやすいと思います。
　鉄板パターン②についても、もう1つ見てみましょう。
　右のチャートは2017年12月のトヨタ自動車です。移動平均線
が、上から順番に短期・中期・長期と並んでいて、中期線と長
期線がいずれも上昇しています。ローソク足がいったん短期線
を割り込んで、その後、再び短期線を超えました。超えたとこ
ろがエントリーポイントですが、その後、1週間くらいしてロー
ソク足が短期線を割り込み、1週間くらい下回っています。こ
こでは利益確定しないで、そのまま持ち続けます。理由は、短
期線は割っているが、中期線まで達していないからです。撤退
条件である、「終値が中期移動平均線を下回ったとき」を満た
していないのです。株価は、その後さらに上昇し、2018年1
月にいったん高値を付けます。そして、1月末に中期線まで下
落してきたので、ここでようやく利益確定をします。チャート
を使った売買は、焦って売ったりせず、エントリーの条件と撤
退の条件を冷静に見極めることがコツですね。

鉄板パターン②　事例：トヨタ自動車

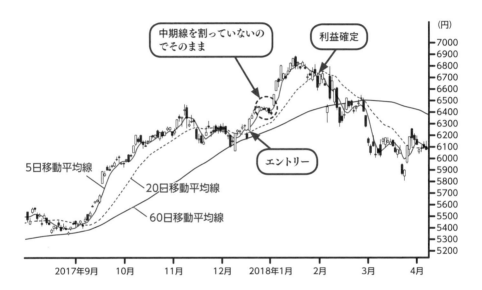

5日移動平均線

20日移動平均線

60日移動平均線

中期線を割っていないのでそのまま

利益確定

エントリー

(円)

「負けない銘柄」 探しは地道な作業

わかりました！　もうすでに、自分でもヤル気満々なんですが、ここまでで説明してもらったようなチャートは、自分でどうやって探したらいいでしょうか？

私は、かなりアナログな方法でやっています。
単純に、個別銘柄のチャートを自分の目でチェックしているんです。400銘柄くらいをチャートのサイトに登録していて、1つひとつ確認しています。

うわっ！　400銘柄も確認しているんですか!?

400銘柄すべてを見るのは週1回くらいで、週末にまとめて見る感じです。
週末に鉄板パターンに当てはまりそうな銘柄をピックアップしておき、平日にピックアップした30 〜 40銘柄がパターンに当てはまるかをチェックする程度です。このくらいの数だと、そんなに時間はかからないですから。

そもそもの約400銘柄には、どんな基準があるんですか？

基準はシンプルです。**「出来高が多い銘柄」**かどうか、です。

 ……出来高？

 出来高とは、ある期間中に売買された株の総量のことです。要は、多くの人たちの売り買いで賑わっている銘柄のことですね。その代表が、日経平均株価（日経225）やJPX日経インデックス400（JPX日経400）に採用されている銘柄です。出来高が少ない銘柄は、一部の投資家の売買で株価が激しく動き、不規則な動きになることがあるので、投資対象からは外しましょう。

 なるほど！

 マキさんのようなビギナーの場合、最初にどんな銘柄をチェックすればよいかわからないと思います。
そういう場合、最初はソニーやトヨタ自動車など、単純に知っている企業の銘柄からチェックしてみるといいでしょう。
あと、自分が使っている携帯や家電の会社、よく行くスーパー、ドラッグストアなど、自分の身の回りのものを思い浮かべてください。好きな企業などでも、かまいません。
初めのうちは、それらの銘柄の株価の動きを毎日見るようにしてみましょう。

 たしかに、そうやって探していけば、30社とか40社くらいの企業は、簡単に出てきそうですね。

最初は、チャートに慣れることがなにより大事です。それを、当面の目標にしてください。株価の動きをチェックするだけでもいいです。

あと、チャートに慣れるという意味では、証券会社が提供しているサービスで、役立つものがけっこうあります。

例えば、**SBI証券や楽天証券では、チャートの形状で銘柄を検索できる機能**があります。チャートの形が「上昇基調」とか「下げ渋る」といった表現で分類されているので、自分がイメージするチャートの銘柄が見つけやすいという特徴があります。

あっそれはいいかも！

本書の最後のほうで、そうした証券会社やサービスの解説をまとめて紹介しています。

すごく安心しました！　でも、ろっく先生も普段から地道な作業をしているんですね～。

そりゃそうですよ！　やっぱり努力しないと、結果はついてきませんから。それは、肉食系投資でも、草食系投資でも変わらないと思います。

第 4 章

失敗しない!
株の選び方
〜成長株コツコツ投資〜

失敗したくない…

だよにゃ

株式投資の
2つの分析手法

 ここからは、**「成長株コツコツ投資」** を説明します！

 草食系投資の3番目の戦略ですね！

 株式投資の手法は、大別して **「テクニカル分析」** と **「ファンダメンタルズ分析」** の2つに分かれます。
テクニカル分析は、株価の動きに着目し、さまざまな角度から分析して、エントリーのタイミングを計るために行います。
代表的なテクニカル分析は、すでに説明したローソク足や移動平均線などを使ったものです。つまり、短期コツコツ投資はテクニカル分析に属するというわけですね。
対して、成長株コツコツ投資は、前にもお話しした通り、「ファンダメンタルズ分析」になります。
もともと、ファンダメンタルズという用語は「経済の基礎的条件」という意味です。金融用語として使う場合、国の金融および経済状況を指します。株式用語としては、**個別企業の経営状態**といった意味で使います。したがって、**株式投資におけるファンダメンタルズ分析とは、個別企業の財務内容を分析して、その企業に投資するかどうかを決める戦略**といえます。

ファンダメンタルズ分析とは？

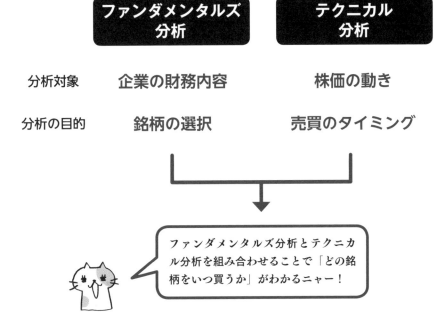

	ファンダメンタルズ分析	テクニカル分析
分析対象	企業の財務内容	株価の動き
分析の目的	銘柄の選択	売買のタイミング

ファンダメンタルズ分析とテクニカル分析を組み合わせることで「どの銘柄をいつ買うか」がわかるニャー！

ファンダメンタルズ分析のステップ

STEP1 企業の「価値」を測定する

STEP2 企業の「価値」に対して株価が「割高」か「割安」かを判断する

経営状態の分析か……（泣）。

 マキさん、それほど難しくはないので、安心してください！
当然、本格的にやるとなるとプロの仕事ですが、**将来的に値上がりが期待できる"成長株"を見つけるだけであれば、いくつかの指標に着目するだけで大丈夫**なんです！

これだけは押さえよう！ファンダメンタルズ指標 ①企業の利益を表す「EPS」

 ファンダメンタルズ分析では、**「EPS」**と**「PER」**という2つの指標を取り上げます。

 うっ！　なんか難しそうな言葉……（汗）。

 わかりやすいように説明するので安心してください！　いずれも個別企業のファンダメンタルズ分析に不可欠な指標で、**EPSとPERが"きちんと"わかれば、株式投資で命取りになる間違いは起こさない**と言っても過言ではありません。

 "きちんと"を強調していることがポイントですね。

 そうです。**中途半端な理解だと、かえって危険**です。2つの指標は密接に関係しているので、まとめて覚えましょう。
まずEPSですが、**「1株当たりの純利益」**を表します。
なにやら難しそうな印象がありますが、意味はそのままで、**企業が決算で発表する「純利益」を、発行済み株式数で割った数値**です。
例えば、100万株を発行している企業の純利益が1億円だったとすると、1億円÷100万株＝100円となるので、この企業の

1株当たりの純利益、つまりEPSは100円となります。

たしかに難しくないですね。でも純利益というのは？

企業が売上高から得る利益には、いくつかの種類があって、利益から税金などのコストを支払った後に最終的に残る利益のことです。基本的に、企業にとっては純利益は多ければ多いほどよいので、**EPSも高ければ高いほどイイ**と言えます。

EPSは株価の価値を測定する指標にもなります。

さきほどの例に出した、EPSが100円の企業をA社としましょう。次に、同じく純利益で1億円を稼いでいるB社があるとして、B社の発行済み株式数が1000万株だったとします。B社のEPSは、1億円÷1000万株＝10円になります。

さて、EPSが100円のA社株と10円のB社株、どっちの株を買いたくなりますか？

1株当たりの純利益が100円と10円を比べるんですから、断然、100円のA社株のほうがいいです！

そりゃそうですよね。EPSが高いほうが、投資対象として魅力的な株ということになります。

なんか、いけそうな気がしてきました（笑）。

EPS（1株当たり純利益）の求め方

EPS（1株当たり純利益）

1株当たりの最終的な純利益の金額。企業の収益力がわかる。
EPSの数値が高いほど、その企業の株主に割り当てられる収益
が多い。

$$EPS = 当期純利益 \div 発行済み株式数$$

A社	B社
発行済み株式数100万株 純利益　1億円	発行済み株式数1000万株 純利益　1億円
EPS ＝1億円÷100万株 ＝100円	EPS ＝1億円÷1000万株 ＝10円

EPSの高いA社のほうが、
B社よりも株主に割り当
てられる収益が多い!

これだけは押さえよう！ファンダメンタルズ指標 ②株価の水準を表す「PER」

次はPERです。

企業の株価が、その企業の1株当たり純利益、つまり、「EPS」の何倍になっているか？という指標になります。

さきほどのA社に登場してもらいましょう。

A社の株価が1000円だとすると、EPSが100円ですから、A社のPERは10倍ということになります。

計算式は、株価1000円÷EPS100円＝10です。練習問題として、B社のPERを計算してみてください。B社の株価も1000円とします。

B社のEPSは10円なので、株価1000円÷EPS10円＝100、B社のPERは100倍ですね！

カンタンすぎましたね（笑）。

さきほど、EPSを比べると、数値が高いA社のほうが魅力的ということでした。A社とB社の株価が同じだった場合、PERはB社のほうが高くなります。

したがって、PERの低いほうが投資対象として魅力的ということになります。

PER（株価収益率）の求め方

PER（株価収益率）

現在の株価が1株当たり純利益（EPS）の何倍まで買われているかを表す。

$$PER = 現在の株価 \div EPS（1株当たり純利益）$$

A社	B社
株価1,000円 EPS　100円	株価1,000円 EPS　100円
PER＝1,000円÷100円 ＝10倍	PER＝1,000円÷10円 ＝100倍

PERが低いA社の株価のほうがB社の株価よりも割安と言えます！

まとめると、一般的に、**株式投資の対象として魅力的なのは、EPSが高く、PERは低い株**ということになります。

また、別の言い方として、株価が同じA社とB社について、A社の株のほうが"割安"で、B社の株のほうが"割高"という表現をよく使います。EPSが10倍も違うのに株価が同じですから、当然と言えば当然ですね。

 納得できます！

 ただ、**一概にPERの高い株がダメかというと、そうじゃない**んです。

利益の成長率が高い会社ほど、PERは高くなる傾向にあります。将来的に収益が拡大する、つまり、EPSが増加すると予想されれば、足元の株価が割高であっても、今後に期待をして投資家は買うからです。

すると、大きな利益を生んでいない段階から投資されることになり、PERが高くなるというわけです。

 そのあたりは、初心者には難しいところですね……。

 実際、株式市場を見渡すと、PER10倍以下の銘柄もあれば、100倍以上の銘柄もゴロゴロしていて、ひと口にこの銘柄は割安、こっちは割高とは言えない状況です。

「適正なPER」の ウソ

 基準というか、目安みたいなものはないんですか？

 「適正なPERは13 〜 15倍程度」と書いている株式投資の指南書もありますが、当てにできません。

ただし、長期間のデータを見ると、日経平均株価のPERは13 〜 15倍で推移していることが多いので、根拠のない数字ではないんです。

だから、日経平均株価については、それなりに妥当性があるのですが、そのまま個別の銘柄にこの数字を当てはめても意味がありません。**PERが何倍だから割安、割高というはっきりした基準はない**んです。

 PER13 〜 15倍というのは、日経平均株価の目安ということですね？

 少し難しくなりますが、**PERの逆数を「株式益利回り」と言**います。

PERは株価がEPSの何倍かを表すので、その逆数である株式益利回りは、「EPSが株価の何%か」を表します。

例えば、15の逆数は $\frac{1}{15}$ なので、PERが15倍なら株式益利回り

は6.7％です。そして、この株式益利回りは、その株価で投資をしたら、「1年で何％の利益が出るか」を表しています。したがって、PER15倍のときの日経平均株価は、1年で6.7％くらいの利益が得られる、ということになります。

なるほど！

日経平均株価が、長年、PER13～15倍で推移しているということは、株式益利回りで言うと6.7～7.7％の間で動いていることになります。

つまり、日経平均株価に投資をしている人は、年間6.7～7.7％くらいの収益を期待していることになります。もし、PERが17倍、18倍になると、株式益利回りは6％を下回り、投資家は期待する収益が得られないので、「投資するのをやめよう」という人が出てくることになります。このあたりは、すぐに理解できないところだと思いますので、いまは、「PERって、そういうふうに使えるんだ」程度で大丈夫です。

では、個別銘柄の投資に活用する方法を説明しましょう。**PERは、事業の内容が似ている会社同士を比較するのに有効**です。小売業同士やメーカー同士とか。メーカーもひと括りにはできません。自動車メーカーや医薬品メーカー、精密部品メーカーなど、さらに細かく分かれます。そうした同じ業種で事業内容が似ている企業の中で、どの企業が投資対象として魅力的であるのかを分析するうえで、PERは非常に役立つんです。

「株式益利回り」の求め方

「株式益利回り」＝ PERの逆数＝1年間で期待できる収益率

PER15倍のときの日経平均株価

15の倍数は $\frac{1}{15}$

1÷15＝0.0666……

株式益利回り＝約6.7％

したがって、PER15倍のときの日経平均株価は、年間約6.7％の収益が期待できるということになります！

そういうふうに使うんですね。

PERは、「株価がEPS、すなわち1株当たり純利益の何倍になっているのか？」を表すと言いました。

つまり、企業が生み出す利益が式の中に含まれています。そして、企業の利益は、業種や業界ごとに傾向があります。

利益の振れ幅の大きい企業が多い業種がある一方、伸びはそれほど高くないものの、毎年堅実に利益を生み出す企業が多い業種もある、といった具合です。

通常、大きな利益を出す可能性がある企業および業種はPERが高くなる傾向があり、利益の大きな伸びが期待しにくい企業、業種のPERは低くなりがちです。

なるほど。

2021年7月時点で、東京証券取引所の1部上場企業の中でPERが高い業種は、鉱業、繊維製品、小売業、サービス業などです。

逆にPERが低いのは、石油・石炭製品、海運業、証券・商品先物取引業あたりです。

具体的には、繊維製品の平均PER93.8倍に対して、石油・石炭製品は6.6倍と大きな差があります。株式投資でPERを使う場合、同じ業種に属する企業にしないと、株価が割安なのか割高なのかは判断できません。

ふーむ。

PERの倍率は、「株価が1株当たり純利益の何倍か？」を表しています。

ということは、仮にPERが15倍だとすると、株価は1株当たり純利益の15倍なので、その会社の純利益の15年分を反映していることになります。PERが100倍ならば、100年分ですね。

ひゃ、100年分！

PERの10倍と100倍との違いは、数字だけだとピンとこない人も多いと思います。

でも、10倍は株価が純利益の10年分、100倍は純利益の100年分だと聞けば、違いの大きさがわかると思います。

たしかに、全然違いますね……。

あと、PERの欠点としては、利益が赤字になるとPERの数値は計算できなくなること、利益が一時的に大きく減ると、PERの数値が跳ね上がるので、指標としては使いにくくなること、などがありますね。

過去の推移から
PERの適正水準を探る

PERはとても重要な指標なので、解説はまだまだ続きますよ！

チャートを見たり、用語を覚えたりすると、株式投資の勉強をしているという実感が味わえてイイ感じですね！

個別銘柄のファンダメンタルズ分析として、**PERの過去の推移を見る**という方法があります。過去3年とか5年とかのPERの推移と平均値を見れば、現在のPERの高いor安いが、ある程度まで判断できます。
実際のチャートを見てみましょう。商社の伊藤忠商事です。

チャートの下のほうを横切っている点線がPERの平均値ですね。大企業ですけど、意外とPERは低いんですね。

過去5年間の平均値は7.0倍ですからね。日本の商社は、ビジネスモデルとして完成されていて、株式市場が「成熟企業」だと判断しているわけです。

伊藤忠商事の株価チャート

(PER)　　　　　　　　　　　　　　　　　　　　　　　　　　　(円)

凡例:
- 株価
- PER
- PERの平均値

縦軸左（PER）: 17, 15, 13, 11, 9, 7, 5
縦軸右（円）: 3,600, 3,190, 2,780, 2,370, 1,960, 1,550, 1,140

横軸: 2016年7月, 2017年1月, 2017年7月, 2018年1月, 2018年7月, 2019年1月, 2019年7月, 2020年1月, 2020年7月 (年)

問題は、最近の数値です。過去5年間は平均7倍程度だったの
が、2019年の10月頃から株価が上がり始めるとともにPERも
上昇、2020年7月頃には9倍程度になりました。PERが9倍と
いうと割安に感じられますが、過去の平均値と比較すると、割
高になっていると言えます。「PERが9倍だから割安」と判断
して安易に飛びついてはいけないということですね。

このように、過去のPERの推移を見れば、現在の株価が割安
なのか、それとも割高なのか、すぐにつかめます。

ただ、しつこいですけど「PERが高いから投資対象として魅
力がない」ということにはなりません。

PERが高い銘柄は、投資家に今後の業績の伸びを期待されて
いるというケースがあるからです。

PERは、株価が1株当たり純利益（EPS）の何倍かを表します。**将来に発表される1株当たり純利益が増えると予想すれば、今後に期待して投資家が買い、PERも高くなる**というわけです。そして、**予想通りに好業績が発表されれば、PERは低下**します。

 ???

 例えば、PER100倍の銘柄は買えないのかというと、そんなことはないです。

株価1000円、EPS10円でPER100倍の銘柄があったとします。その銘柄の来期のEPSが2倍になって20円になる可能性が出てきました。

来期、その予想通りになれば、株価は1000円ならPERは50倍です。

 そっか!!

 さらに、来々期の予想利益が2倍になってEPSが40円になると予想されれば、PERも25倍となるので、そこまで割高な感じではなくなりますよね。

将来の利益の成長が想定されれば、PER100倍でも割高ではないんです。

ただし、想定どおりに利益が成長しなかった場合は、割高となりますから、今度は売られる可能性が出てきます。

好業績が発表されると、PERが低くなる

A社

株価1,000円　EPS　10円

PER ＝1,000円÷10円

＝100倍

　好業績発表！！

A社

株価1,000円　EPS　40円

PER ＝1,000円÷40円

＝25倍

EPSが増加することで、PERは
低下し、株価の割高感は解消し
ていきます。

会社側の業績予想を チェックしておく

 個人の投資家も、企業の利益の予想ってするものなんですか?

 金融機関には、企業の業績などの予想をするアナリストと呼ばれるプロがいます。ただ、個人投資家でアナリストと同じようなことをしている人はほとんどいないと思います。

本当は、個人投資家も企業の業績を予測して投資することが望ましいのですが、なかなか時間が取れないですし、情報源も少ないのが実情です。

では、どうすればいいかと言うと、**自ら予想するのではなく、企業の予想をチェックする**んです。企業は、決算ごとに自社の業績の予想を発表するので、それらを見て参考にするわけです。具体的には、**会社の事前予想と実績のギャップが重要**になります。

 そうなんだ……。

 企業の決算では、さまざまな書類が発表されるんですよ。その中の1つに、業績の動向をコンパクトにまとめた「決算短信」という書類があります。

決算短信には、売上高や利益などの経営状況や財務データが記載されていて、「1株当たり純利益」という項目もあります。

「決算短信」で企業の業績動向をつかむ

決算短信とは

上場している会社が投資家向けに作成をする決算の資料のことです。上場会社は、決算書にあたる「有価証券報告書」を3か月以内に提出することを、金融商品取引法によって定められていますが、それでは投資家にとって「遅い」ため、証券取引所は、決算書の"速報版"と言える決算短信を出すことをルールとしています。

決算短信の公表タイミング

東京証券取引所は、原則、決算期の期末から45日以内の開示を求めています（50日を超える場合はその理由などを開示）。また、より望ましいのは30日以内としています。四半期末ごとの「四半期報告書」も同様に45日以内です。

新聞の号外みたいな感じで捉えれば、読むハードルが少し下がるかも。

決算短信は個人投資家必読のアイテムだニャー！

多くの企業が自社WEBサイトで公表しているので、個人でも簡単にチェックすることができるよ！

あっ！　かなり目立つところにありますね！

 しかも、実績の数値だけでなく、次の決算の予想の数値も書いてありますよね。

 たしかに！

 この予想値がメチャメチャ重要なんです。
予想EPSをベースにして、投資家はこの企業の株を買うかどうか判断することになります。そして、その際のポイントは、予想と実績の"差"です。
例えば、次の決算時のEPSを100円と想定している企業があったとします。次の決算時、実績が150円になっていれば、もともとの予想値より高かったということで、その株は買われることになります。
逆に、50円になっていれば、予想値よりも低かったことになり、その株を持っている人の中には、売る人も出てくるはずです。
このように、予想値と実績値の差が、株価を動かす大きな要因になるんです。

 これを知っている人と知らない人では、それこそ大きな差がついてしまいますね！

 その通りなんです!!!

伊藤忠商事の決算短信

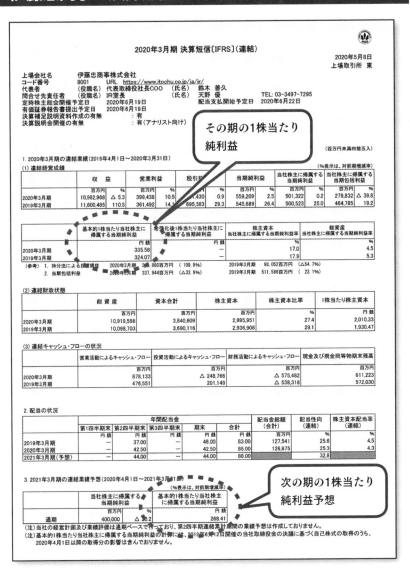

2020年3月期 決算短信〔IFRS〕（連結）

2020年5月8日
上場取引所 東

上場会社名	伊藤忠商事株式会社		
コード番号	8001	URL https://www.itochu.co.jp/ja/ir/	
代表者	（役職名） 代表取締役社長COO	（氏名） 鈴木 善久	
問合せ先責任者	（役職名） IR室長	（氏名） 天野 優	TEL: 03-3497-7295
定時株主総会開催予定日	2020年6月19日	配当支払開始予定日	2020年6月22日
有価証券報告書提出予定日	2020年6月19日		
決算補足説明資料作成の有無	：有		
決算説明会開催の有無	：有（アナリスト向け）		

その期の1株当たり純利益

（百万円未満四捨五入）

1. 2020年3月期の連結業績（2019年4月1日～2020年3月31日）

(1) 連結経営成績

（％表示は、対前期増減率）

	収益		営業利益		税引前利益		当期純利益		当社株主に帰属する当期純利益		当社株主に帰属する当期包括利益	
	百万円	％	百万円	％	百万円	％	百万円	％	百万円	％	百万円	％
2020年3月期	10,982,968	△ 5.3	399,438	10.5	565,430	0.9	559,209	2.5	501,322	0.2	279,832	△ 39.8
2019年3月期	11,600,485	110.5	361,492	14.1	695,383	29.3	545,689	26.4	500,523	25.0	464,785	19.2

	基本的1株当たり当社株主に帰属する当期純利益	希薄化後1株当たり当社株主に帰属する当期純利益	株主資本当社株主に帰属する当期純利益率	総資産当社株主に帰属する当期純利益率
	円 銭	円 銭	％	％
2020年3月期	335.58	—	17.0	4.5
2019年3月期	324.07	—	17.9	5.3

（参考） 1. 持分法による投資損益 2020年3月期 203,860百万円 （109.9%）　2019年3月期 98,052百万円 （△54.7%）
2. 当期包括利益 2020年3月期 337,944百万円 （△33.9%）　2019年3月期 511,586百万円 （ 23.1%）

(2) 連結財政状態

	総資産	資本合計	株主資本	株主資本比率	1株当たり株主資本
	百万円	百万円	百万円	％	円 銭
2020年3月期	10,919,598	3,840,609	2,995,951	27.4	2,010.33
2019年3月期	10,098,703	3,690,116	2,936,908	29.1	1,930.47

(3) 連結キャッシュ・フローの状況

	営業活動によるキャッシュ・フロー	投資活動によるキャッシュ・フロー	財務活動によるキャッシュ・フロー	現金及び現金同等物期末残高
	百万円	百万円	百万円	百万円
2020年3月期	878,133	△ 248,766	△ 575,482	611,223
2019年3月期	476,551	201,149	△ 538,318	572,030

2. 配当の状況

	年間配当金					配当金総額（合計）	配当性向（連結）	株主資本配当率（連結）
	第1四半期末	第2四半期末	第3四半期末	期末	合計			
	円 銭	円 銭	円 銭	円 銭	円 銭	百万円	％	％
2019年3月期	—	37.00	—	46.00	83.00	127,541	25.8	4.5
2020年3月期	—	42.50	—	42.50	85.00	126,875	25.3	4.3
2021年3月期（予想）	—	44.00	—	44.00	88.00		32.8	

3. 2021年3月期の連結業績予想（2020年4月1日～2021年3月31日）

次の期の1株当たり純利益予想

（％表示は、対前期増減率）

	当社株主に帰属する当期純利益		基本的1株当たり当社株主に帰属する当期純利益
	百万円	％	円 銭
通期	400,000	△ 20.2	268.41

（注）当社の経営計画及び業績評価は通期ベースで行っており、第2四半期連結累計期間の業績予想は作成しておりません。
（注）基本的1株当たり当社株主に帰属する当期純利益の計算に際し、2019年6月12日開催の当社取締役会の決議に基づく自己株式の取得のうち、2020年4月1日以降の取得分の影響は含んでおりません。

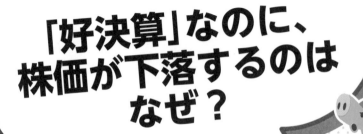

「好決算」なのに、
株価が下落するのは
なぜ？

 よくあることなんですが、**すごくよい業績を決算で発表したにもかかわらず、その瞬間に株価が下落するケース**があります。

 そんなことがあるんですか!?　なんでだろう……？

 なんで株価が下がるのかと言うと、**事前によい決算になることを投資家が知っていて、その期待値を超えなかったとき、"期待外れ"と判断されてしまう**からなんです。

投資家の期待値を超えた業績を発表すると株価は上がりますが、それ以外は、期待通りであっても売られることがほとんどです。

そのため、絶好調の決算内容でも、株価が売られてしまうという現象が起こるんです。この現象は、株式投資をやっていない人にとって、かなり不思議な現象だと思いますよ。

マキさんは、**「ポジティブサプライズ」**って言葉は聞いたことあります？

 なんとなく聞いたことあるような、ないような……。

 株式市場では、投資家の期待値よりも上回った内容が発表され

たときに使う言葉です。直訳すれば、「嬉しい驚き」ですね。企業の決算が、事前予想よりも上回ったときに、必ずと言っていいほど使われます。

逆に、**「ネガティブサプライズ」** というのもあって、これは投資家の期待値を下回ったときで、簡潔に言うなら、要は「期待外れ」ということです。

あと、期待通りであっても、株価が下がることはよくあります。理論的には、株価は下がらないはずなんですけど……。このあたりは、投資家の欲張りな一面が出ていますね。勝手に期待しておいて、期待を上回らないと、勝手に落胆して買わない、という。

株価って、単純に動くわけではないんですね……。
動く要因をいろいろと知っておかなければならないと……。

このように、一見、割高なPERになっていても、それは次の決算でEPSが増加している可能性を“先取り”しているわけです。
こうした先取りのことを、株式市場では **「織り込む」** と表現します。「この株はEPSが高くなりそうだという予想を織り込んでいる」、といった具合です。

へえ！　独特な表現ですね……。

あらかじめ投資家が織り込んでいる業績を「コンセンサス」と呼びます。コンセンサスは、証券会社が公表していることもあります。

上場企業の決算は年4回

 企業決算について、補足しておきましょう！

どんな会社でも、最低年1回、自社の業績について報告しなければなりません。これを**本決算**と言います。

会社の規模が大きくなると、事業年度がスタートして6か月後に、中間の業績報告をします。これが**中間決算**です。

 本決算と中間決算は、私が働いている会社でもやっているな〜。

 それは話が早い！

上場企業の場合、3か月ごとに業績の報告を義務付けられています。本決算と中間決算の間に行われるこの決算を**四半期決算**と言います。

日本企業は、3月末に本決算をする企業がほとんどなので、3月末決算企業を例にすると、6月末で四半期決算、9月末に中間決算、12月末に四半期決算、そして、翌年の3月末にまた本決算という順番になります。

 私の会社も3月末決算なので、わかりやすいです！

 「4分の1」を意味する「quarter（クオーター）」という英単語

を使って、事業年度を3か月ごとに区切り、それぞれの期に発表される決算を「1Q」「2Q」「3Q」「4Q」と簡略化して呼ぶことも多いです。1Qは、最初の四半期決算のことで、「第1クオーター」の略称ですね。

注意点としては、決算日はいま話したように月末なんですが、実際に決算発表がされるのは約1か月後となるケースが多いようです。決算日の後に報告書を作成するのに時間がかかるわけです。

決算日の後は、経理部が本当に大変そうです……。

なお、四半期決算は決算後45日以内に提出するというルールがあり、本決算は、東京証券取引所が「決算期末後30日以内が望ましい」としています。四半期決算も含めて、決算ごとに決算短信が発表されます。

つまり、年4回、決算日から約1か月後にEPSの実績値と予想値がわかることになります。

したがって、**少なくとも年4回は、株価が大きく動くタイミングがある**、というわけですね。

「理論株価」は
こうやって
計算しよう！

 PERを使うと、**「理論株価」** を計算することができます。理論株価とは、理屈上の株価という意味です。

 難しくなければいいんですけど……（汗）。

 PERは、「株価がEPSの何倍なのか？」を示す数値ですから、求める式は、**PER＝株価÷EPS**です。この式を変形すると、株価＝PER×EPSとなります。PER10倍の株のEPSが100円であれば、株価は1000円になります。
まず、PER＝株価÷EPSと株価＝PER×EPSという2つの式の関係を覚えてください。

 わかりました！

 では、この株のEPSが来期200円になったとします。すると、株価が変わらなければ、株価1000円÷EPS200円＝PER5倍ということになります。
EPSが大きく上昇したため、PERが大きく低下しました。
仮に、この株のPERは、過去の推移から見て適正水準が10倍であるとします。

すると、EPS200円、PER10倍に見合った株価とは、10倍×200円＝2000円になります。これが理論株価です。

適正水準と考えられるPERと、現状あるいは来期のEPSから導き出せるわけです。理論株価の1つの考え方と言ったほうが、正しいかもしれません。

なるほど！

これまでの話をまとめましょう。

例で説明した、株価1000円、EPS100円、PER10倍の株があります。この企業が現在絶好調で、来期のEPSが200円になると考えた投資家がいるとします。この株のPERは10倍が適正水準なら、理論株価は2000円になりますから、投資対象としては十分魅力的になるわけです。私なら迷わず買いますね。

私も買います!!

PERは、ファンダメンタルズ分析において非常に重要な指標ではあるものの、相対的な指標であるだけに、使い方を間違えると役に立ちません。

むしろ、投資が失敗する原因になります。PERの指標としての特徴や限界を理解することが大事なんです。

理論株価の求め方

C社

PER10倍　EPS　100円

株価＝1,000円

来期のEPSが200円に
なると予想

C社

PERの過去の平均値10倍　EPS　200円

理論株価＝10倍×200円

＝2,000円

つまり、現在の株価が2000円未
満であれば、C社の株は割安と判
断できるということになります！

成長株はどうやって見つければいい？

 本章で、成長株コツコツ投資を説明するつもりでしたが、ちょっとEPSとPERの説明に力が入りすぎてしまいました。ただ、EPSとPERを理解しておけば、成長株についてもグッと理解しやすくなります。

 少しずつわかってきました！
成長株というのは、EPSがポイントになる気がします。

 いやー、その通りです！！
説明してきた甲斐がありましたね（笑）。
本来、個別銘柄への株式投資とは、投資信託の積み立て投資などと比べると、けっこうリスクが高いんです。その分、リターンも高くなるわけですが。
そこで、成長株コツコツ投資は、そのリスクを軽減させるために、利益が堅調に成長している株に対して、タイミングを見ながら、コツコツと少しずつ投資していくという戦略なんです。

 不定期の積み立て投資というイメージですか？

 その通りです。「タイミングを見ながら」というのは、チャー

トで判断するので、不定期になるからです。

チャートの読み方については、第6章で解説しますので、ここでは成長株の見つけ方について説明します。

基本的には、米国の伝説的な投資家である、ウィリアム・J・オニールという人が確立した"成長株発掘法"をベースにしています。

初めて聞いたお名前です。

オニール氏は、大ベストセラーとなった『オニールの成長株発掘法』において、EPSについてさまざまな深い見解を述べています。その中で、成長株の主要な条件として、「四半期ベースの売上高とEPSが十分に増加している」、「過去3年間の売上高とEPSが十分に増加している」といったことを挙げています。具体的な数字も書かれています。

一部をアレンジして私がまとめたのが、右の図です。

EPSに加えて、会社の収益の動向や財務状況などもチェックする必要があります。一見、項目が多くて、かなり大変そうですが、じつは簡単に調べる方法があります。次にそのやり方を紹介しましょう。

オニールをベースにしたろっく流成長株発掘法

条件1	過去3年間、年間の売上高とEPSが前年比25%増加している
条件2	売上高に対する営業利益の割合である営業利益率が10%以上
条件3	自己資本比率50%以上
条件4	事業で得た収益のうち、自由に使える「フリーキャッシュフロー」が黒字になっている
条件5	社長が創業者である
条件6	一定以上の出来高がある

オニール氏の言わんとするところは、短期かつ中期的な利益の大幅な増加が、成長株には必要だということでしょう。
著書では、そのほかにもさまざまな条件が書かれているのですが、キリがありませんので、前述した6項目の部分だけにします。ただ、これだけでもかなり通用するはずです。

この売上高とかEPSは、やっぱり決算短信とかYahoo!ファイナンスなどで調べることになるのでしょうか？

じつは、簡単に調べる方法があります！

本当ですか!?

スクリーニングという機能を使うのです。

スクリーニング？

例えば、マネックス証券の『銘柄スカウター』というサービスにはスクリーニング機能が付いていて、条件を入力すれば、条件に合った銘柄が一瞬で検索されます。大手のネット証券会社なら、そのようなスクリーニング機能がたいてい使えます。

すごく安心しました!!

ただし、133ページの条件の中には、スクリーニングで検索が

できるものと、できないものがあります。

条件1の売上高やEPS、条件2の営業利益率、条件3の自己資本比率あたりは、証券会社によってバラツキがあるものの、スクリーニングは可能だと思います。

しかし、条件4のフリーキャッシュフローや条件5の社長のプロフィール、条件6の出来高となると、自分の手でチェックしなければなりません。その場合、決算短信や企業のサイトを調べることになります。

 スクリーニング機能をできる限り使って、検索できた銘柄の中から自分で発掘するわけですね。

 たんに成長株と言っても、投資家によってさまざまな定義があると思います。

ここでは、発掘法のほんのわずかな一部分を紹介しているだけですが、**くれぐれも気を付けてほしいのが、雑誌などで推奨されている銘柄です。"成長株"と称して、いろいろと紹介されたりしていますが、絶対に鵜呑みにしてはいけません**。雑誌に載っている時点で、すでに投資のタイミングを逃している可能性が高く、また、すでに投資している人が大勢いたら、割高になっているはずです。

 雑誌に掲載されるまで、かなりのタイムラグがありますよね？

 それに、他人に推奨された銘柄に投資して、それが下落した場

合、自分で決めた銘柄が下落したときよりも、何倍も後悔する
ことになります。やはり、自分で発掘する努力は必要になりま
す。

第5章

これで安心!
株が下落したときの対応
～草食系「守りの投資」～

ヤバいにゃ

ぎゃー!?下落!?

こうすれば、暴落なんてまったく怖くない！

草食系投資の最後の戦略は**「守りの投資」**です！

基本的に、株式市場は、上がったり下がったりを繰り返します。

長期的な上昇トレンドにあるときは、多少下がったとしても、たいていはしばらくすれば元に戻ります。

でも、大きな下落に見舞われると、心中穏やかではいられません。「上昇トレンドが変わったのかもしれない」とか、いろいろと悩むことになります。

そんなときのために、普段から守りの投資を心がけておくというわけです。

たしか、日経平均株価は1日で500円くらい上下するなんてザラですよね？

私なんか、そういうことが起きたら、「大丈夫かな!?」ってすぐ心配になって居ても立っても居られなくなりそうです……。

暴落に近い状況になると、ほとんどの人は平常心を保てません。仕事もろくに手につかなくなるでしょうし、右往左往してしまいます。

先生、あんまり脅さないでもらえませんか……（汗）。

ごめんなさい（笑）。

でも、そういうことになる可能性がある、と想定しておくことはホントに重要なことなんです。

暴落が発生すると、正常な判断ができずに普段やらないような投資行動をとって、さらに傷口を広げてしまうことって、じつは少なくないんです。

そうならないためには、**投資をした時点でプランを立てておく**のです。

プランですか……。

暴落に関係なく、投資する際に決めたプランに従うだけということです。

例えば、短期コツコツ投資であれば、チャート上の撤退条件がありますよね。「終値が短期移動平均線を下回ったら手仕舞う」とか覚えていますか？

だ、大丈夫です……！

暴落によって撤退条件が満たされることになったとしても、それは結果論にすぎません。

暴落の有無に関係なく、淡々と撤退すればいいんです。それで、チャートの形が崩れなければ持ち続けると。

なるほど！

また、さきほどお話しした成長株コツコツ投資であれば、その企業の成長力が変わらなければ、売る必要はありません。
EPSや売上高といった成長力に直結する指標が悪化するようであれば撤退を検討すべきですが、そうした指標に変化がなければ持ち続けるべきです。

 そうなんですね。

 成長株コツコツ投資なら、投資をする際に、「年間のEPSの増加率がマイナスになったら撤退」、といったような撤退条件をはっきりさせておけばいいでしょう。

 だんだん、ろっく先生の話がわかってきました！
長期積み立て戦略なら、暴落が起きたときは、お財布の中に入れておいた日経平均株価のチャートを見ればいいんですよね。
あれはまさに"お守り"だわ。

 その通りです（笑）。

暴落時の心得

心得1 どんな暴落であっても、どこかで
下げ止まり反発局面に移行する！

そこでは利益を追わない。仮に利益が出ても、それはギャンブルに勝っただけ。成功するかどうかはそのときの運次第

心得2 買うのは、暴落後に相場が底を
固めてから

上昇局面に入ったことを確認してから買っても十分儲けるチャンスはある

心得3 隣の芝生は見ない

他人の儲け話には耳を貸さない。暴落後、「大儲けした」という人が出てくるが、そういう人は、失敗しているときはなにも言わない

草食系投資でもっとも
大事なのは「無の境地」
です！！！

暴落には手を
出さない！　SNSに
惑わされるな！

YouTube上には、暴落に対応するテクニックを紹介する動画なんかも、けっこうアップされています。中には有効だと思われるテクニックもあります。

例えば、**「空売り」** や **「つなぎ売買」** です。ただ、それらはベテランの投資家向けです。

投資経験の浅い人がやろうとすると、損失がいたずらに膨らむ可能性もあります。なので、**暴落は基本的に手を出さない**、と覚えておいてください。

はい、了解です！

あと、もう1つ。暴落が起きると、「いまが大底だ！」などと、SNSで騒ぎ出す人が出てくるものなんです。

くれぐれも、こういう人たちに惑わされないように！

たしかに、株式市場の大底圏で投資できれば、その後に大儲けできます。でも、それが成功する保証はありません。

右のチャートは、2020年3月に起きた「コロナ・ショック」時の日経平均株価です。2月の後半あたりを見てください。

スゴイ下がり方……（汗）。まさに暴落ですね。

暴落時に出現する騙しの陽線とは？

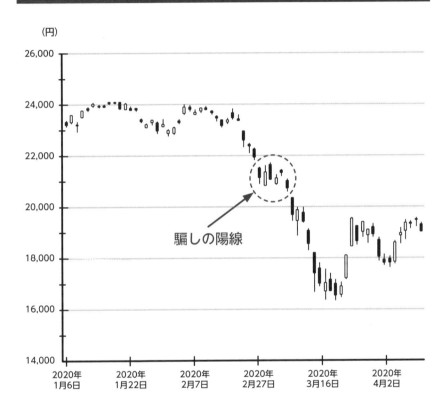

(円)

騙しの陽線

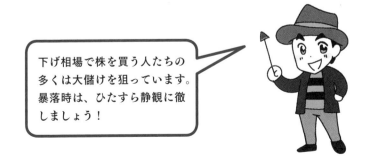

下げ相場で株を買う人たちの
多くは大儲けを狙っています。
暴落時は、ひたすら静観に徹
しましょう！

このときも、「いまが底だ！」とツイッターなんかで騒いだ人
が続出したんですよ。

たしかに、チャートを見ると、ところどころ「もしかすると底
のサイン!?」と見えなくもない箇所があるんです。

 あっ！　長めの陽線が立っているところがありますね。

 しかし、結局は"騙しの陽線"が続いて、奈落の底まで下がって
いきました。

このあたりで「いまが底だ！」という声に乗せられて株を買っ
てしまった人は、大損したと思います。

 かわいそう……（汗）。

 下げ相場で、大底を狙う人たちが一定数いるのは事実です。け
れど、そういう大儲けを狙うスタンスは、草食系投資とかけ離
れたものです。

もし、コロナ・ショック後に狙うとすれば、移動平均線を確認
して上向いてきたあたりで買い出動すればいいでしょう。これ
でも十分に利益は出ますから。暴落時は、こういう点にも注意
してください。

なまじっか、株を知っているという自負がある人ほど、ケガを
したりします。

 私は手が出ないです……。

それがいちばんイイんです。だいたい、SNSとかで、無責任に発言をする人が多すぎるんですよ。

そういう発言をする人は、目立ちたいんですかね？

そうだと思います。

「いまが底だ！」と騒いで、万が一にも当たった場合、絶対に自慢すると思います。「オレは相場を見切った」みたいな感じで。まあ、SNS上ではヒーローになれますよ。

けれど、ほとんどが外れる。それで、外れたときはなにも言わずに黙っている。自分の煽った発言によって、投資した人が損しても、責任は取りません。

次にまた、ヒーローになるために、騒ぐだけです。あ、愚痴っぽくなっちゃいましたね（汗）。

いまはやっぱり情報が溢れているので、そういう発言にはホントに気を付けないとダメですね！

株が下がると、 「金」が上がる！

 次は、少し上級編になります！
普段から行える"守り"の投資を解説します。**守りの投資とは、「株と価格変動が逆相関の資産にも投資しておく」**ことです。

 ……???

 株と価格変動が逆相関の資産というのは、**株価が上がっているときは下がり、株価が下がっているときは上がる傾向を持つ金融商品**といった意味です。

 そんなものがあるんですか!?

 代表的なのは、金つまりゴールドです。ゴールドは、株が上がっているときは上がらず、株が下がると上がる習性があります。「論より証拠」、このチャートを見てください。

 たしかに、株とゴールドは逆の動きをしていますね！

 NYダウ平均株価と、NY市場で取引されているゴールドの価格の推移チャートです。株式とゴールドが逆相関にあることがよ

ゴールドの価格と株価は逆相関！

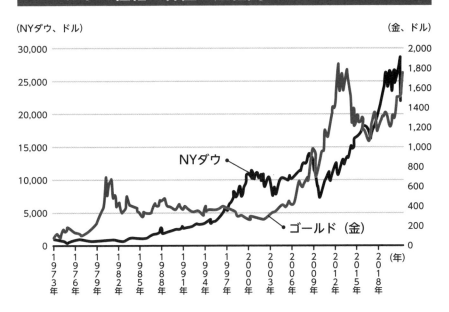

(NYダウ、ドル) (金、ドル)

NYダウ

ゴールド（金）

1973年 1976年 1979年 1982年 1985年 1988年 1991年 1994年 1997年 2000年 2003年 2006年 2009年 2012年 2015年 2018年 (年)

株価とゴールドの価格
は、見事なまでに逆相
関なんですね～！

ゴールドの価格は、石油
などの資源価格が上がる
と一緒に上がるという関
係でもあるニャー！

ゴールドに投資しておけば、株価が下
がったときでも、心に余裕を持つこと
ができるんです。

くわかります。なぜこうした動きになるのかと言うと、**金融商品としての性格の違い**と言えます。

どんな違いですか？

まず、株式には配当金があります。企業は、自社の株主に対して、毎年利益の一部を配当金として還元します。この配当金を狙って株式投資をする人も多く、株を保有する大きなメリットとなっています。
一方、ゴールドは保有しているだけではなにも生みません。
ただ、実物資産としての価値がありますから、石油などの資源価格が上昇すると、一緒に価格が上がることになります。

ゴールドは、アクセサリーにも使えますしね。

こうした金融商品としての違いは、金利の動向によって、価格の動きとして顕著に表れます。**金利が比較的高いとき、ゴールドの価格はあまり上がりません。高金利になると、むしろ価格は下がる傾向にあります**。「ゴールドを持っているより銀行に預けたほうがマシ」と判断する投資家が増えるからです。対して株式には配当金があるので、金利が上がってもそこそこは耐えられます。つまり、**金利動向によって株が買われたり、ゴールドが買われたり、という循環が起きる**わけです。

投資商品としての
「金」の魅力

 ゴールドには、他の金融資産にないメリットがあります。

 どんなメリットですか?

 大昔から、ゴールドは**「世界共通の資産」**として扱われ、長年、国が発行する紙幣の裏付けになっていました。

マキさんが言ったように、宝飾品として使われるほか、工業製品にも使われ、実物資産としての価値があります。

また、鉱物資源なので埋蔵量には限りがあり、希少性があります。一説によると、地球上のゴールドの埋蔵量は残り約7万トン前後だそうです。なんでも、50mプールに換算すると約1杯半になるとか。

 イメージしにくいですが、残り少ないというのはわかります(笑)。

 こうしたことから、どんなことが起きても、ゴールドの価値がなくなることはないとされているんです。

 「紙幣は紙切れになる可能性があるけど、ゴールドはならない」

というのは聞いたことあります！

特に、世界共通の資産として定着しているのが強みですね。
そのため、なにか大きな出来事が発生して、金融市場の不安心
理が高まると、ゴールドを買う人が増えます。

大きな出来事って、具体的にどんな出来事ですか？

紛争やテロ、国の債務問題のような大事件が起きると株は売ら
れますが、ゴールドは買われることがよくあります。こういう
事情から**「有事の金」**という表現も使われます。大事件（＝有
事）が起きるとゴールドが買われるという意味です。

株とゴールドが逆に動くという現象には、そういう背景もある
んですね〜。

あと、金の価値自体は昔から一定です。
それに対して、**貨幣の価値は、物価の上昇つまりインフレで時
間の経過とともに減価していきます。その結果、相対的にゴー
ルドの価値が上がる**ことになります。
インフレが及ぼす影響による違いから、金融商品とゴールドが
逆の動きになる面もあります。

「ポートフォリオ」で「守りの投資」

話を戻しましょう。

守りの投資では、「株と逆相関のゴールドを入れるとイイ」と話しました。

理由は単純で、**株が下落してもゴールドが上昇すれば、全体としての被害を軽減できる**からです。

すごくわかりやすいです。

ただ、次に株が上昇したときに、ゴールドが下がっちゃうと、なんかもったいないような気もします。

それが繰り返されると、全体としてあまり儲からないという事態にならないでしょうか？

その疑問は、大部分、正しいです。

保有する資産に逆相関の金融商品を入れておくと、リスクを軽減できますが、同時にリターンも抑えてしまいます。マキさんは、「ポートフォリオ」という言葉を知っていますか？

聞いたことは何度もありますけど、意味となるとちょっと……。

そもそも、「ポートフォリオ（portfolio）」とは「書類入れ」と
いった意味です。
金融用語としては、株式や債券、投資信託、現金、そしてゴー
ルドなど、複数の金融商品を組み合わせた金融資産全体を表し
ています。
ただし、つねに複数の金融資産が入っている必要はありません。
株式100％、現金100％というポートフォリオも存在します。

 私のいまのポートフォリオも現金100％！

 とは言うものの、本来のポートフォリオの役目は、複数の金融
商品を組み合わせて、リスクを抑えながらリターンを追求する
という、まあ、草食系投資っぽいやり方なわけです。株式投資
だけでなく、資産運用の教科書にも必ず載っている、「卵」と「カ
ゴ」のたとえ話がありますよね。

 あ、「卵を1つのカゴに入れておくと、そのカゴが落ちたとき
にすべての卵が割れてしまうけど、1つずつ違うカゴに入れて
おけば、1つのカゴを落としても、ほかのカゴの卵は安全」と
いうやつですね！

 その話は、ポートフォリオで資産運用する意味とメリットを述
べています。
つまり、株式と同時にゴールドに投資しておくというのは、ポー
トフォリオをつくったことになります。

こういうときにポートフォリオという言葉を使うんですね〜。

 前に、分散投資について説明しました。

投資するタイミングを複数にすることで、「時間分散」ができるので、リスクとリターンを抑えられるという話です。

ポートフォリオも分散投資になりますが、複数の金融商品に投資するので、こっちは「資産分散」になります。

実際に、いろいろな金融資産を組み合わせてポートフォリオを組んでみるとわかるんですが、「株式は下がっているけれど債券は上がっている」といった状況がよく起こります。これが、メンタル的にも非常に助かるんですよ。

 どうしてですか？

 投資している金融商品が全部下がっていると、さすがに気が滅入ります。その中で、少しでも上がっているものがあれば、気持ち的にもラクになるんです。長期投資でメンタルを保つためにも、資産の分散は重要な要素なんです。

 なるほど〜！

「ポートフォリオ運用」には限界がある？

ポートフォリオ運用が威力を発揮するのは、想定外の大きな金融市場の変動があったときです。株式など特定の金融商品に偏った状態だと、損失が大きくなります。それを回避するために、**逆相関の金融商品にもバランスよく投資することが守りの投資**です。

ろっく先生の言いたいことが、だんだんわかってきました！

さきほど、株とゴールドが上がったり下がったりを繰り返すと、あんまり儲からないんじゃないかという疑問が出ましたね？

はい。

長期間投資することでそれは解消されます。
もう一度、147ページの図を見てください。
投資期間が長期になるほど、資産価格は上昇していきます。結局、両方とも投資していれば、最終的には大きく儲かってきます。やはりここでも、長期間継続することが大事なのです。

説得力があるなあ……。

えーと、感心してもらったそばから言うのも気が引けますが、一方で、近年、ポートフォリオ運用の限界もささやかれています。これも指摘しておかなければなりません。

は、はい……。

株とゴールドは逆相関と言ってきましたが、近年、この関係性が薄まりつつあります。
つまり、**株とゴールドが両方とも上がったり、下がったりするというケースが増えている**んです。

え～～っ！　ヤバイじゃないですか！

顕著だったのは、2008年のリーマン・ショックのときでした。株とゴールドだけでなく、それまで逆相関の関係にあるとされてきた金融商品も含めて、あらゆる金融商品が暴落したのです。分散効果が発揮されませんでした。
それ以降、「ポートフォリオ運用もどうなんだろう？」と、限界説が出始めたのです。

うーん、難しすぎる問題ですね……。

分散投資理論は、米国のハリー・マーコウィツ氏が提唱しました。
マーコウィツ氏は、その功績が評価され、1990年にノーベル

経済学賞を受賞しています。完全に資産運用の常識として定着していました。

ただ、同理論の「金融商品の価格変動リスクは将来にわたって変わらない」というところは、特に近年の金融市場にはそぐわなくなっているとも言われていて、限界説の裏付けにもなっています。

ろっく先生は"限界派"ですか？

分散投資理論は、資産運用のセオリーとして十分有効だと考えています。

ただ、一部現実にうまく対応できていない点があるのも事実。個人投資家としては、分散投資さえやっておけば万全と楽観視せず、ある程度は危機感を持っていたほうがよいでしょう。

繰り返しになりますが、分散投資は続けるべきだと思います。

わかりました！

リーマン・ショック以降、世界の主要国の中央銀行は金融市場にマネーを大量に供給してきました。コロナ・ショックが起きてからは、いちだんと増えています。

そうしたマネーが、全般的な金融商品の価格を押し上げているので、ゴールドと株式も上昇しています。そのため、ゴールドと株式の逆相関の関連性が弱くなったように見えますが、それは正確ではありません。

マネーの大量供給でインフレ懸念が強まり、現金の価値が低下しつつあるので、ゴールドと株式は、現金の価値の低下に対して上昇しているのです。ゴールドおよび株式を持つことは、インフレに対するリスクの分散になっています。やはり、依然として、分散投資は有効なのです。

はい。

分散投資には、資産の分散のほかに、積み立てなどの時間の分散もあると言いました。

草食系投資では、さらに、これまで説明してきたような"手法の分散"も行います。分散投資の効果を最大限発揮できるはずです。

第 6 章

これだけ!
株チャートのポイント

転換の
ポイントがわかる
「トレンドライン」

いよいよ最終章になりました！
第6章では、投資のタイミングを計るうえで役立つチャートの
読み方を紹介します。
すでに第3章で、短期コツコツ投資で使う方法を2つ紹介しま
したが、文字通り短期的な手法でした。
ここでは、おもに**中長期的な株価のトレンドをつかむためのチ
ャート解説**になります。

チャートの面白さが少しずつわかってきたので、楽しみです！

チャートの活用法は、無数といっていいほどあるので、ここで
は基本中の基本だけを厳選してお話しします。
まずは、テクニカル分析の補助的な道具である「**トレンドライ
ン**」と「**抵抗線**」「**支持線**」を説明します。
**最初にトレンドラインとは、チャートの下値と下値、または上
値と上値を直線で結んだ線**のことです。
トレンドラインが右肩上がりなら上昇トレンド、右肩下がりな
ら下降トレンドを意味します。右の図を見れば一目瞭然ですね。
トレンドラインは、このようにすごく単純ではあるものの、か
なり重要なことを表しています。

トレンドライン

上昇相場のトレンドライン

> チャート上の谷の部分を下値、山の部分を上値と呼ぶニャー！

下降相場のトレンドライン

> 上昇相場では、チャートの下値をつないだ線がトレンドラインになります。一方、下降相場では、チャートの上値をつないだ線がトレンドラインになります。

仮に上昇トレンドにある株が、足元で下がったとします。すると、トレンドラインにぶつかります。

上昇トレンドが崩れていなければ、トレンドラインで反転して再び上昇しますが、トレンドラインを割り込んでさらに下降した場合、上昇トレンドが崩れた、という可能性が出てきます。

なるほど〜！

逆に、下降トレンドにある株が上がって、下から上にトレンドラインを抜けたとすると、下降トレンドが転換した可能性がある、と考えちゃってOKですか？

OKです！

第3章で説明した移動平均線と同じような役目ですが、両方同時に使うと、より細かい分析ができます。

さきほどの例で言えば、**上昇トレンドの株が下がって、トレンドラインにぶつかったとき、短期・中期・長期の移動平均線がすべて上昇していれば、買いエントリーのポイントになりやすい**、といった感じです。

「抵抗線」は株価の天井を表す

トレンドラインとかなり似ているのですが、**支持線**と**抵抗線**も
チャート分析に欠かせません。

トレンドラインとは、チャート上の上値同士あるいは下値同士
を結んだ線ですが、**抵抗線はチャート上の高値と高値、支持線
は安値と安値を結んだ線**です。

165ページの図のように、**株価は、一度高値を付けて下げてし
まうと、次に上昇したときに、同じ水準で再び跳ね返されてし
まうことがよくある**んです。

そういう高値を結んだ線が抵抗線になります。文字通り、株価
の上昇に抵抗している線です。

「見えない壁」みたいなものですか?

そのイメージで大丈夫です。

抵抗線が形成されるのには、それなりに理由があります。

投資家にしてみると、過去の高値って気になるものなんです。

株価が上昇して、過去の高値近辺にきたときに、今回は前回と
違うのかどうか、いろいろと考えるわけです。

また、前回の高値で株を買ってそのまま保有している人は、損
をしたくないために、少なくとも買った高値近辺で売りたいと

待ちかまえています。

すると、高値近辺での「売り注文」が増えてくるのです。そうした売り注文を突破して株価が上昇するには、前回とは違う、なんらかの新しい材料が必要になる、そうしたことを投資家は考えます。

なんとなくですが、わかります。

株価の上昇に力強さが欠ける場合は、抵抗線で跳ね返されて、再び下降局面に入ります。その繰り返しで抵抗線が形成されていくわけです。

ただ、何度も何度も株価を打ち返してきた抵抗線を、いったん株価が上に抜ければ、今度はその抵抗線が支持線となって、株価を支えてくれる役目を果たしてくれる傾向があります。

抵抗線、支持線

抵抗線

支持線

株価の底になる「支持線」

支持線は、抵抗線と真逆のパターンで形成されます。**過去に付けた安値に達すると、またそこで反転上昇する**ケースです。

株価が反発した実績があるので、「その安値で買ったら儲かる」と考える人が大勢いて、安値近辺での「買い注文」が多くなります。

今度は、なにか新しいネガティブな材料がないと、その安値を割ってまで売ろうという人はなかなか出ません。すると、株価は再び安値から反発することになります。

下がっている株を買おうと待ちかまえている人が、安値近辺では増えるということですね！

いま述べたのはほんの一例で、抵抗線や支持線が形成される背景にはさまざまな要因があります。

実際、高値と安値では出来高が多くなる傾向があります。前述の通り、出来高というのは、売買が成立した株数で、注文が多かったことを表しています。高値、安値を1つのメドとして、売買をする投資家は多いんです。

やっぱり出来高は重要なんですね。

支持線も強固になればなるほど、そこを下に突き抜けてしまった場合は、今度は抵抗線として、株が上昇するのを妨げるようになります。

抵抗線が支持線に転換するのと同様、出来高が多い価格帯というのは、チャート上で"岩盤"となって存在するんです。ちょっと抽象的な表現で、伝わりにくいかもしれませんが……。

 抵抗線と支持線は「表裏一体」なんですね。合っていますか？

 合っていますよ（笑）。

チャート分析全般に言えることですが、テクニカル分析のポイントは、あくまで1つの目安です。必ずそうなるという保証はどこにもありません。それでも、投資するうえで有力な手がかりとなってくれるのは、間違いありません。

チャートの形には
パターンがある！

 ここからは、トレンドラインと抵抗線、支持線を使った応用編になります。

「パターン分析」と呼ばれる手法です。

チャートの形状には一定のパターンがあって、そのパターンを見抜いて、株価のトレンドをつかむことが目的です。これまでのおさらい的な内容も入っています。

 チャートの"クセ"みたいなものですか？

 早い話がそうです。

まず、株価が反転するパターンです。もっとも有名なのが、「ダブル・トップ」と「ダブル・ボトム」です。

ダブル・トップは、右の図のように、2つの高値の位置が、抵抗線を真横に引けるくらいにほぼ同じ水準にあります。

2つ目の高値にはね返された株価が、2つの高値に挟まれた安値（ネックライン）を下に割った場合、株価は、上昇トレンドから下降トレンドに転換したと判断されます。

2つの高値の形状がアルファベットの「M」に見えることから、「M型」と言ったりします。

ダブル・トップ、ダブル・ボトム

ダブル・トップ

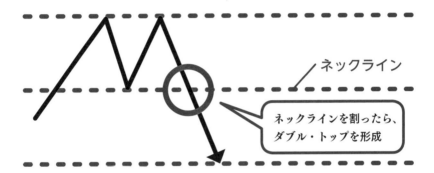

ネックライン

ネックラインを割ったら、
ダブル・トップを形成

ダブル・ボトム

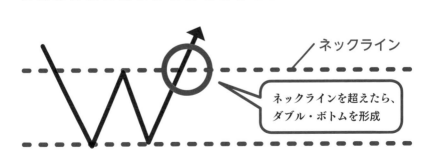

ネックライン

ネックラインを超えたら、
ダブル・ボトムを形成

もうMにしか見えないです。

 ダブル・ボトムは、2つの安値がほぼ同じ水準にあり、2つ目の安値で株価が反発し、安値に挟まれた高値（ネックライン）を上に突き抜けた場合、株価は上昇トレンドに転換したと判断できます。

 これはもう、「W型」ですよね（笑）。

 大正解！
ダブル・トップとダブル・ボトムには、「目標値」もあります。
ダブル・トップになって、下降トレンドに転換したとき、高値と安値の差と同じくらいは下がる、と見込まれます。これを目標値と呼んだりします。
同様に、ダブル・ボトムでもトレンドが転換した後、安値と高値の差くらいは上がると考えられています。いずれも、あくまで目安です。

もっと強力な
反転パターンもある

ダブル・トップ、ダブル・ボトムよりも強力な反転パターンを
説明しましょう！
「トリプル・トップ」 と **「トリプル・ボトム」** です。

もう、名前からして強力そうですね……。

ダブル・トップは山が2つでしたが、トリプル・トップは山が
3つになります。3度抵抗線を抜けず、その後、ネックライン
を割ってしまった状態で、下降トレンドに転換した可能性が非
常に高くなります。
トリプル・ボトムは谷が3つになっていて、ダブル・ボトムよ
りも上昇トレンドに転換した可能性が高くなります。このあた
りは、もう173ページの図を見てもらうだけで大丈夫でしょう。
そして、トリプル・トップ、トリプル・ボトムを超える強力な
反転パターンが「ヘッド・アンド・ショルダーズ」です。高値
近辺で出現するのが、「ヘッド・アンド・ショルダーズ・トップ」
で、安値で出現するのが「ヘッド・アンド・ショルダーズ・ボ
トム」。
一見、トリプル・トップとトリプル・ボトムに似ていますが、
真ん中の山あるいは谷が、他の2つよりも、山だったら高くな

っているし、谷だったら低くなっているパターンです。

 なるほど。

 ヘッド・アンド・ショルダーズ・トップの場合、人間の両肩と頭に見えることから、ヘッド＝頭、ショルダーズ＝肩と名付けられたようです。

 そうなんですね……。

 高値に挟まれた安値を結んだ支持線は、「ネックライン」と言います。頭と肩があるので、首＝ネック、というわけです。ヘッド・アンド・ショルダーズ・トップは日本語では「三尊天井」、ヘッド・アンド・ショルダーズ・ボトムは「逆三尊底」と呼ばれ、反転パターンとして最強のサインと見なされています。
重要な点は、いずれも真ん中の山あるいは谷が突出している点です。トレンドが転換した後の目標値は、ダブル・トップ、ダブル・ボトムのときと同じです。

トリプル・トップ、トリプル・ボトム

トリプル・トップ

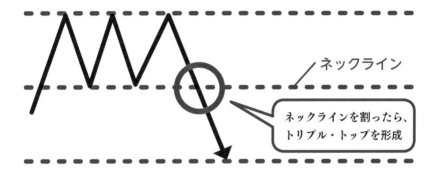

ネックライン

ネックラインを割ったら、トリプル・トップを形成

トリプル・ボトム

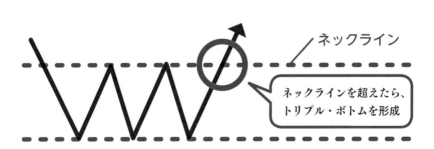

ネックライン

ネックラインを超えたら、トリプル・ボトムを形成

売りと買いが
拮抗する
「三角持ち合い」

 次に、**「持ち合い」** のパターンにいきましょう。

株価の動きに明確なトレンドがなく、横ばい状態になっている
とき、どちらのトレンドに行くのかを読む方法です。

代表的なのは **「三角持ち合い」** です。

チャート上にトレンドラインを引いてみると、下値が切り上が
る一方で、上値も切り下がっています。

三角形の角に向かって株価が動いているように見えることか
ら、三角持ち合いと呼ばれます。

 たしかに……。

 これは、投資家の「売り」と「買い」が拮抗している状態で、
三角形の角に近づくにつれ、上昇トレンドか下降トレンドのど
ちらかに転換する可能性が高いと言えます。

したがって、三角持ち合いから転換したトレンドに素直につい
ていくのが正解となります。

けっこう、チャートではよく見られる形です。

 面白い!

拮抗後、トレンドが上下どちらかに変わる可能性大

> 三角持ち合い

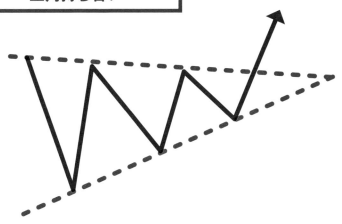

 三角持ち合いには、次の4つの特徴があります。

①上値のトレンドラインと下値のトレンドラインが三角形をつくっている
②上値のポイントと下値のポイントが3つずつ必要
③三角持ち合いになっているとき出来高は減少傾向になる
④三角形の角に達するまでにトレンドが発生する

三角持ち合いには、他のパターンもありますが、この基本を押さえておけば、ほかでも応用が利きます。

成長株コツコツ投資に
使える
「グランビルの法則」

最後に、古典的なテクニカル分析ですが、いまだに色あせない**「グランビルの法則」**を取り上げましょう。米国のチャーチストである、ジョゼフ・E・グランビル氏が考案した、移動平均線を使ったものです。

チャーチストというのは？

チャート分析の専門家といった意味です。

グランビルの法則は、すでに超有名で、きちんと説明をするには1冊でも収まりません。ここではビギナーでも使える、移動平均線を使ったエントリーのポイントについて紹介します。

お願いします！

グランビルの法則は、「株価は上昇と下降のサイクルを繰り返すものである」ことを前提にして、そのサイクルの中でトレードをしていきます。短期と長期の2本の移動平均線を使ったものでは、右の図のような買いと売りのエントリーポイントがあるとされています。

ただし、この中には、実際にエントリーをしようとすると、ポ

グランビルの法則

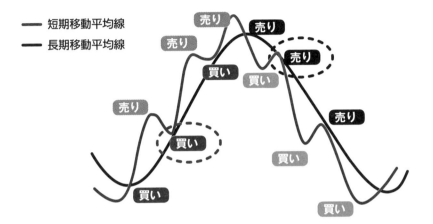

── 短期移動平均線
── 長期移動平均線

売り 売り 売り 売り 買い 買い 売り 買い 売り 買い 買い 買い

イントがわかりにくかったり、確度が低いものがあります。そこで、草食系投資として狙いたいのは、図の点線で囲ったところ。買いの部分でいうと、長期線が右肩上がりで上昇トレンドがハッキリしているときに、一時的な下落で、短期線が長期線に近づいて「押し目」をつくっているところです。チャート上で下がったところを「押し目」と言います。

「押し目買い」とは一時的な値下がり局面で買いエントリーをすることです。

売りの場合は、下降トレンドがハッキリしているときに、一時的な上昇によって短期線が長期線にぶつかり、再度下げに転じた場合は売りパターンになります。

今まで先生に教えてもらったものと、かなり似ていますよね。

て言うか、グランビルが本家ですけどね。

注意すべきポイントとしては、ここでは説明上、売りパターンも挙げていますが、投資ビギナーの場合、売りパターンには手を出さないほうが賢明だと思います。売りで利益をあげるのはハードルが高く、リスクも大きいからです。

したがって、まずは買いパターンを覚えるだけでいいと思います。

了解です！

もう1つ注意してほしいのは、移動平均線の期間です。

本家のグランビルは、200日線を基本にしているのですが、200日線だと、期間が長すぎてエントリーのタイミングはめったに来ません。

そこで、中期線を20日or25日とし、長期線を60日or75日と100日にします。すると、成長株コツコツ投資のエントリーに使えます。

具体的には、まず、長期の移動平均線が上向きであること。

そして、一時的に株価が下落して、中期移動平均線や、長期移動平均線で反発したところをコツコツと買っていきます。「押し目買い」です。

撤退ルールについては、まず、企業としての成長シナリオが崩れたら売ります。具体的には、期待が高かった新製品がまったく売れなかった、強力なライバル企業が出現した、などが考えられます。チャート上では、長期の移動平均線（60日線or75日線）を割ったら、売ります。

売買の鉄則

売買の鉄則1　　**株価が上昇トレンド**

株価の長期（60日or75日、100日）の移動平均線が上向きになっている

売買の鉄則2　　**押し目買い**

株価が一時的に下落して、中期移動平均線や長期移動平均線で反発したところをコツコツと買っていく

売買の鉄則3　　**「成長シナリオ」が崩れたら売却**

株価が長期（60日or75日）の移動平均線を割ってしまったら、すみやかに売る

複雑なルールはいっさいナシ！ シンプルイズベストです。この3つの鉄則を守って、コツコツと地道に利益を積み上げていくことが重要です！

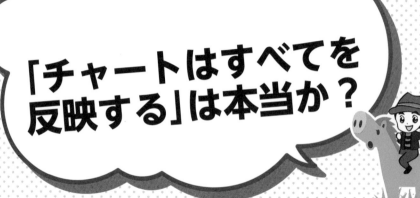

「チャートはすべてを
反映する」は本当か？

 これまでいろいろなチャート分析を見てきましたが、どうでしたか？

 率直に面白かったです!!!

 「日本人はチャート好き」とよく言われます。

 へえ、そうだったんだ〜！

 一見、不規則な動きをしている株価に、法則性を見出すというのが国民性に合っているのかもしれません。
ご多分に漏れず、私もチャートが大好きです。
学術的には、チャート分析の正当性を裏付ける明確な根拠はないとされていますが、現実の世界では、チャートで投資に成功している人は大勢いますので、実証的には、ある程度の妥当性はあると考えていいでしょう。

 はい！

 さきほど話した、グランビル氏のようなチャーチストは大勢い

ますし、多くの投資家が参考にしています。

金融市場のニュースでも、チャート上の目安については、必ず誰かがコメントしているくらいです。日本だけでなく、欧米でもそうです。

 チャートの知識があれば、そういうニュースも理解できるようになりますね！

 「チャートにはすべてが反映されている」 という言葉があるんですよ。

ファンダメンタルズや株式の需給、投資家の心理など、株式市場に存在するあらゆる情報がチャートに集約されているという意味です。あ、株式の需給というのは、売りと買いの量といった意味です。チャートは売買の結果が反映されているので、現在の状況では事実でしかないんです。だから、チャートは嘘をつかないのです。

したがって、チャートを分析してその動向を見れば、ファンダメンタルズや投資家の心理もわかる、というわけです。

 なるほど！

 ただし、チャートは完璧ではないんです。

相場は人が動かしているところもあるので、チャート通りにいかないことも多々あります。あくまで、チャート分析をして60％、70％の確率で優位性のあるところでトレードをする感

じです。

なので、負けること、損切りは想定の範囲内であり、トータルで勝ち越すことによって利益を出す考え方ですね。

あと、チャートは客観的に売りや買いのタイミングを教えてくれる点が、優れていると考えています。

どうしても、人間は儲けたい、損をしたくないという心理が強く働いてしまいますから、客観的な判断に基づいて投資をするのは、ベテランであっても難しいもの。つねに客観的に売買のサインを出してくれるチャートは、味方にして損はありません。投資家を冷静にさせてくれるツール、という言い方もできるでしょう。

心強いです！　ろっく先生、今回は、本当にありがとうございました！　大変ためになりました。
さっそく、投資を始めたいと思います！

今回は、株式投資の初歩の部分だけを解説しています。これだけでは、なかなかうまくいかないと思います。現実の投資では、覚えることはもっとたくさんあります。でも、なにごともいきなりはできません。本書は、投資に踏み出す際の最低限の知識を提供しています。皆さんには、投資をしながら、さらに知識を深めていってほしいと思います。

草食系投資に活かす 『NISA』と『iDeCo』

NISAとiDeCoを活用しよう！

　本書の最後に、特別付録として株式投資に必要な証券口座について説明します。

　株式投資をするには、当然、証券会社で口座を開設しなければなりません。そこで、199ページに、これまで本書で紹介してきたサービスが使える証券会社をピックアップしています。

　自分で会社のサイトをチェックして、使いやすそうなネット証券で口座開設をしてもらえばいいのですが、その際にぜひ考えてほしいのは、優遇制度の活用です。

　具体的には、『NISA（ニーサ）』（少額投資非課税制度）と『iDeCo（イデコ）』（個人型確定拠出年金）で、いずれも草食系投資で使うことができます。

　例えば、『NISA』には、『一般NISA』と『つみたてNISA』があり、個別銘柄への投資には一般NISAが利用できますし、長期積み立て戦略にはつみたてNISAが使えます。『iDeCo』も、長期積み立て戦略に使うことができます。

　『NISA』と『iDeCo』のメリットは、株や投資信託への投資で発生した利益に対して、税金がかからないこと。

　そこで、簡単に株と投資信託に関する税金の話をしておきましょう。

　株や投資信託で得られる利益には2種類あります。

株式投資の税金と口座について

株式や投資信託の利益に課税される税金と税率

	税率
譲渡益（売買で生じる利益）	20.315%　（所得税15.315%、住民税5%）
配当金や分配金	20.315%　（所得税15.315%、住民税5%）

通常の株式口座

証券会社で口座開設をする場合、一般口座か特定口座のどちらかを選ぶことになります。特定口座には、「源泉徴収あり」と「源泉徴収なし」の2種類があり、「源泉徴収あり」のタイプを選ぶと、面倒な確定申告が不要になります。

一般口座と特定口座の比較

	一般口座	特定口座	
		源泉徴収なし	源泉徴収あり
メリット	給与・退職所得以外の所得が20万円以下なら確定申告の必要なし	税金は源泉徴収されない	確定申告の手間が省ける
デメリット	・確定申告の必要がある ・自分で年間の売却損益の計算をする必要がある	確定申告の必要がある	所得が少ない人の場合、余計な税金を納めてしまうケースがある

1つは譲渡益で、これは売買で得られる利益のこと。「キャピタルゲイン」という言い方もします。株や投資信託の売却した価格が購入価格よりも上回っていれば、その値上がり分が該当します。

　もう1つは、株の配当金や投資信託の分配金。「インカムゲイン」とも言います。

　キャピタルゲインおよびインカムゲインに対しては、いずれにも所得税15.315％と住民税5％がかかり、合計の税率は20.315％となります。

　この20.315％が、NISAとiDeCoでは0％、つまり非課税となり税金がかかりません。

　普通の証券口座よりも、利益の約2割がお得になるのですから、利用しない手はないんです。

　次ページより詳しく説明しましょう。

一般NISAは
成長株コツコツ投資で
使うべし！

　一般NISAがスタートしたのは2014年1月。預貯金に偏って
いる個人の金融資産を、もっと株式や投資信託に振り向けて、
積極的に資産形成をしてもらうことを目指して、国が制度を創
設しました。おもなポイントは以下の4点です。

1. 譲渡益・配当金、分配金が非課税

　一般の証券口座では、利益に20.315%の税金がかかります
が、一般NISA口座で発生した譲渡益および配当金、分配金は
非課税です。一般NISAで取引できる金融商品は、国内株、外
国株、投資信託、国内・海外のETF（上場投資信託）とETN（上
場投資証券）、REIT（不動産投資信託）、新株予約権付社債（ワ
ラント債）などです。

2. 非課税期間は最長5年間

　非課税となる期間は決まっていて、一般NISA口座で購入し
た年を含めて最長5年間まで。2021年から始めた場合、2021
年中に投資した分の利益に対する非課税期間は、2025年末ま
でになります。非課税期間の終了後は、「売却」か「課税口座
への移管」のどちらかを選択します。

一般NISAの運用期間

年	2021年	2022年	2023年	2024年	2025年	2026年	2027年
2021年	120万円	➡ 非課税期間5年 ➡					
2022年		120万円	➡ 非課税期間5年 ➡				
2023年			120万円	➡ 非課税期間5年 ➡			

3. 年間の投資上限枠は120万円

　年間の投資の上限枠は120万円です。これを非課税投資枠と呼びます。1年間で投資できる金額の限度額が120万円ということで、途中で売却しても枠は復活しません。例えば、120万円分の株を購入すると投資枠を使い切ったことになり、一部を売却しても枠は空きません。120万円は1年間の上限なので、翌年は新たな120万円の投資枠が設定されます。

4. 株式投資をするなら証券会社に口座開設

　一般NISAの口座は証券会社か銀行で開設しますが、株式投資をするなら証券会社の一択。さらに、売買手数料が割安なネット証券がオススメ。また、一般NISAには口座開設の制限があり、1人1口座しかつくれないことに注意。複数の金融機関での開設も不可。ただし、口座を開設している金融機関の変更は可能です。草食系投資では、短期コツコツ投資と成長株コツコツ投資で、個別銘柄に投資します。一般NISAの年間の投資上限枠は120万円なので、まず成長株コツコツ投資は、一般NISA口座での投資をオススメします。上限枠を使い切ったら、課税口座（＝通常の証券口座）でコツコツ続けましょう。

「つみたてNISA」は長期積み立て戦略で

　つみたてNISAのスタートは2018年1月です。

　株や投資信託の利益が非課税となるのは一般NISAと同じですが、個別銘柄への投資はできないなど、さまざまな違いがあります。

　5つのポイントで説明します。

1. 譲渡益・分配金が非課税

　つみたてNISAで投資ができるのは投資信託とETF（上場投資信託）だけです。一般NISAのような個別銘柄は不可。しかも、投資対象は、金融庁によって決められていて、2020年12月時点で合計193本です。国内に投資信託だけでも約6000本あるので、かなり絞られているといえます。

2. 非課税期間は20年間と長期間

　つみたてNISAは、その名の通り、毎月積み立てをして投資信託を購入することがルールになっています。この積み立て投資の効果を大きくするために20年という長期にわたる非課税期間が設定されているのです。なお、現行のルールで新規に投資ができるのは2037年が最終年です。

3. 年間の投資上限枠は40万円

つみたてNISAの非課税投資枠は年間40万円です。

毎月、同じ金額を積み立てすると、月約3万3000円までとなります。

ただし、これは上限額。積み立て額は自由に設定が可能です。積み立て額は金融機関によって変わり、最低1000円から1000円単位でできるところが多いようです。また、積み立ての途中での売却はいつでも可能ですが、一般NISAと同じく、売却分の枠は復活しません。

4. 金融機関によって積み立ての方法が選べる

つみたてNISAでは、投資対象の投資信託を、指定した金額で、指定した日に金融機関に買い付けてもらいます。この買い付けの頻度は、月1回が基本ですが、金融機関によっては毎週や毎日という指定も可能です。

5. 一般NISAと併用ができない

一般NISAとつみたてNISAは併用ができません。どちらか1つに絞ることが必要になります。

つみたてNISAで投資ができる投資信託は、金融庁が選定をしたもので、全般的にリスク・リターンが低めのタイプが多くなっています。つみたてNISAを長期間利用することで、老後資金の形成に役立ててほしいという国の狙いが込められていると言えます。

ただし、きちんと投資信託のラインナップを見てみると、米国株の指数であるS&P500に連動するファンドや、海外の優良企業に投資するファンドも選ばれています。そうしたファンドで、長期積み立て戦略を実行すれば、税金面でかなり有利になることは間違いありません。

　月最低1000円からできる金融機関が多いので、ぜひ活用してほしいと思います（一般NISAとつみたてNISAは併用ができないので、かなり悩みどころですが、次ページから紹介する『iDeCo』も含めて考えると、選択肢が増えます）。

つみたてNISAの運用期間

「つみたてNISA」の運用期間

年	2021年	2022年	2023年 ………… 2040年	2041年	2042年 ………… 2056年
2021年	40万円	➡ 非課税期間20年 ➡			
2022年		40万円	➡ 非課税期間20年 ➡		
2023年			40万円　　　　➡ 非課税期間20年 ➡		
……………					
2037年			40万円	➡ 非課税期間20年 ➡	

「つみたてNISA」の投資対象は国の基準を満たした投資信託

インデックス型投資信託の基準（一部抜粋）

1. おもな投資対象に株式を含むこと
2. 販売手数料：ゼロ（解約手数料、口座管理手数料もゼロ）
3. 信託報酬：国内資産が対象のものは0.5％以下（税抜）
　　　　　　：海外資産が対象のものは0.75％以下（税抜）
4. 運用期間：無期限または20年以上

iDeCoは資産運用に使える年金制度

　iDeCoは、一般NISAやつみたてNISAの制度とかなり異なります。

　正式名称は個人型確定拠出年金で、年金制度の1つとなっています。

　年金制度としての特徴は、公的年金と違って、加入者が運用する金融商品を選ぶところ。運用の結果次第では、加入者によって年金の受取額が大きく変わってきます。

　草食系投資の目的も、長い目で見れば、老後資金を貯めることにつながります。

　iDeCoで草食系投資が実践できれば、iDeCoのメリットを運用の成果に活かすことができ、より効率的な投資ができるはずです。さっそく、基本的な内容について説明します。

　iDeCoは、加入者が毎月一定の金額を積み立て（これを「掛金を拠出する」と言います）、定期預金・保険・投資信託といった金融商品の中から、自分で商品を選んで運用をします。

　現行制度では、満期が60歳に設定されていて、拠出した掛金と運用益は60歳以降に、年金または一時金として受け取ることができます。したがって、原則、60歳になるまでは引き出すことはできません。

iDeCoで運用できる金融商品

タイプ	元本確保型	元本変動型
特徴	原則として元本保証。所定の利息が掛金に上乗せされる。	元本が保証されない商品。iDeCoでは投資信託。運用成績によっては、年金資金が掛金の総額を下回る場合も。
商品	定期預金、保険	投資信託

　iDeCoで運用できる金融商品は2種類に分かれます。元本割れがなく、安全に運用できる「元本確保型」と、元本割れのリスクがある「元本変動型」です。

　元本変動型と言っても投資信託のみで、株式は投資対象にはなっていません。

iDeCoの最大のメリットは節税効果

iDeCoには大きなメリットが3点あります。いずれも税金面での優遇が受けられるのです。

まず、毎月の掛金は、「所得控除」の対象となり、所得税や住民税が節税できます。そして、運用益は「非課税」で税金がかかりません。さらに、年金または一時金として受け取るときには、「公的年金等控除」や「退職所得控除」の対象となるので、税金が軽減されます。

つまり、「拠出」・「運用」・「受取」という3段階で税制優遇が受けられるのです。

特に、拠出時の所得控除の効果は見逃せません。所得税と住民税の節税効果は予想以上です。具体的なシミュレーションをしてみましょう。

例えば、課税所得500万円のサラリーマン（40歳）が、毎月2万円ずつ拠出したとします。

すると、所得から控除される金額は年間で24万円になります（2万円×12か月＝24万円）。所得税率を20％、住民税を10％としたとき、年間の節税額は7万2000円になります。これを20年間続けると144万円の節税になります。節税できた分を別の草食系投資に回してもいいでしょう。

iDeCoでどれくらい節税できる？

節税シミュレーション

会社員（40歳）のケース

課税所得	500万円
	（企業年金なし）
毎月の掛金	2万円
年間の所得控除額	24万円

所得税と住民税の節税額

1年間	7万2,000円
20年間	144万円

自営業（45歳）のケース

課税所得	700万円
毎月の掛金	4万円
年間の所得控除額	48万円

所得税と住民税の節税額

1年間	14万5,500円
15年間	218万2,500万円

iDeCoの手数料

支払先	加入（初回のみ）	運用（毎月）	給付（給付時毎回）
国民年金基金連合会	2777円	103円	なし
信託銀行	なし	64円	432円
加入する金融機関	0〜1000円程度	0〜500円程度	なし

※差がつくのは加入先の金融機関に支払う手数料

iDeCoを始めるためには、サービスを提供している金融機関にiDeCo用の口座を開設する必要があります。この金融機関選びにも注意が必要です。金融機関によって、各種の手数料や投資信託のラインナップが違うからです。

　手数料と投資信託は、運用成績に大きく影響します。

　また、金融機関の投資信託のラインナップは、かなり絞られています。口座開設をしてみたはいいものの、買いたい投資信託がなかったということがないように、慎重に選ばないといけません。

　199ページの証券会社のリストでは、草食系投資に向くiDeCo用の投資信託のラインナップも加味していますので、参考にしてください。

　iDeCoは、積み立てが基本ですので、長期積み立て戦略ともっとも相性がいいでしょう。

　したがって、草食系投資においては、iDeCoで長期積み立て戦略を行い、一般NISAで短期コツコツ投資あるいは成長株コツコツ投資をする、というパターンが有力になります。

　ただし、iDeCoは原則60歳まで続ける必要があるので、その点は忘れないでください。

オススメの
証券会社はココ！

　最後に、オススメの証券会社を紹介します。

　「草食系投資にとって役立つかどうか？」を基準にしてピックアップしました（199ページ参照）。

　具体的な基準としては、株式の売買手数料が安いこと、投資信託の購入手数料が安いこと、毎月少額（1000円〜）から積み立て投資ができるか、個別銘柄投資に役立つサービスがあるか、一般NISAとつみたてNISAが使えるか、iDeCoの手数料が安くかつ投資したい投資信託があるか、といった点です。

　こうした基準で選んでいくと、やはりネット証券の中でも大手と言われる会社が並んできます。

　大手ネット証券会社は、各種手数料が安いところが多くなっています。

　また、iDeCoの口座管理料も無料にしているところがほとんど。投資できる投資信託のラインナップも長期積み立て戦略で使えるものがあります。

　短期コツコツ投資や成長株コツコツ投資で活用できる、テクニカル分析があるかどうかも重要なポイントです。

　ここに挙げた各社は、チャート機能やテクニカル分析が豊富で、実践に役立つものがいろいろとあります。

　テクニカル分析の機能は、口座開設をしないと使えないもの

があるので、使いたい機能があれば、複数の証券会社に口座開設をしてもいいと思います。

　口座開設には手数料はかかりませんし、維持する手数料もなく、お金を預けておく必要もありません（残高0円でもOKです）。

　売買注文を出す画面も、実際に使ってみないと使い勝手はわかりません。画面構成や色づかいなど、自分に合う証券会社を見つけてください。

オススメの証券会社リスト

	SBI証券	楽天証券	松井証券	マネックス証券
株式 売買手数料	1日の売買代金が100万円までなら無料。信用取引も200万円までは無料。	1日の売買代金が100万円までなら無料。	1日の売買代金が50万円までなら無料。	売買代金10万円以下は1回当たり110円。売買代金によって手数料は変わる。
投資信託の 購入手数料	無料	無料	無料	無料
投資信託の 積み立て投資	毎月100円～	毎月100円～	毎月100円～ （毎週、毎日の設定も可）	毎月100円～
チャート 機能	『チャート形状銘柄検索』は、「上昇基調」とか「下げ渋る」といったチャートの形で銘柄検索ができる。	取引ツールの『MARKETSPEED』では、日本経済新聞が無料で読め、記事検索も可能。	『チャートフォリオ』は、チャートの形から銘柄検索できる。「テーマ投資ガイド」は「テーマ」で検索をすることが可能。	『銘柄スカウター』の「10年スクリーニング」機能を使うと、個別銘柄の過去のPERやPBRの推移をチャート上に表示できる。
一般NISAと つみたてNISA	いずれも 利用可能	いずれも 利用可能	いずれも 利用可能	いずれも 利用可能
iDeCo	利用可能	利用可能	利用可能	利用可能
加入時手数料 と口座管理料	無料	無料	無料	無料

※2021年8月時点。なお、SBI証券の信用取引の無料合計額は、一般信用100万円と制度信用100万円の合計額。

著者略歴

草食系投資家LoK（そうしょくけいとうしかろっく）

◎草食系個人投資家。ファイナンシャルプランナーとして個人の金融相談や投資講座を運営。

◎某大学の大学院（統計学専攻）を卒業後、金融機関に就職。古臭い慣習の金融機関に嫌気がさし、16年間勤めた後、2019年に専業投資家として独立。

◎2000年代から株式投資を開始。ライブドアショック、リーマンショックを乗り越え、現在では株式投資のほかにFX（外国為替証拠金取引）や不動産投資を行っている。肉食系のようなガツガツしたハイリスク投資ではなく、「大勝ちよりも大負けの回避」をコンセプトにした草食系な投資によって利益を積み上げている。

◎草食系な投資を広めるべく、株式投資初心者向けのYouTube「草食系投資家LoK Re:」チャンネルを開設。草食系投資が多くの初心者投資家の共感を得て、わずか1年で登録者数10万人を達成（2021年8月時点）。

◎テクニカルアナリスト試験に合格。

YouTube【草食系投資家LoK Re:】
https://www.youtube.com/channel/UCxW8eO79brdkeqwTvO09sBg
ブログ
https://milife-business.net/
ツイッター【@rock_steadey】
https://twitter.com/rock_steadey

草食系投資家YouTuberが教える
超・臆病者のための株の教科書

2021年9月28日　初版第1刷発行

著　　者　草食系投資家LoK
発 行 者　小川 淳
発 行 所　SBクリエイティブ株式会社
　　　　　〒106-0032　東京都港区六本木2-4-5
　　　　　電話：03-5549-1201（営業部）
装　　丁　喜來詩織（entotsu）
本文デザイン・イラスト　和全（Studio Wazen）
本文DTP・図版　荒木香樹
編集協力　松岡賢治
編集担当　鯨岡純一
印刷・製本　三松堂株式会社

本書をお読みになったご意見・ご感想を
下記URL、またはQRコードよりお寄せください。
https://isbn2.sbcr.jp/10289/